C.H.BECK ■ WISSEN

in der Beck'schen Reihe

W0033400

Es gibt sicherlich nur wenige Begriffe, die in der Öffentlichkeit, aber auch für unser individuelles Selbstverständnis eine so große Rolle spielen wie „Intelligenz". Er ist für fast alle Lebensbereiche von Bedeutung und zählt gerade deshalb zu den besonders kontrovers diskutierten Konzepten. Doch was meinen wir eigentlich, wenn wir über Intelligenz sprechen? Und warum ist es bisher nicht gelungen, diesen Begriff so zu definieren, daß er allgemeine Zustimmung findet?

Dieses Buch gibt einen Überblick über den derzeitigen Stand der wissenschaftlichen Intelligenzforschung und ihre Geschichte, erläutert Ansätze und Vorgehensweisen der wichtigsten Intelligenztests und versucht, auf die besondere kulturelle und gesellschaftspolitische Dimension dieses Begriffs und seiner Definition aufmerksam zu machen.

Prof. Dr. *Joachim Funke* vertritt das Fach Allgemeine und Theoretische Psychologie am Psychologischen Institut der Universität Heidelberg. Schwerpunkte seiner Forschungstätigkeit sind die Bereiche „Planen und Problemlösen" sowie „Umgang mit computersimulierten Szenarien".

Dr. *Bianca Vaterrodt-Plünnecke* ist Diplompsychologin und Hochschulassistentin am Psychologischen Institut der Universität Bonn. Für ihre Arbeiten wurde sie 1996 mit dem *Wilhelm Wundt-Preis* ausgezeichnet. Sie beschäftigt sich vor allem mit Fragen der unbewußten Informationsverarbeitung.

Joachim Funke
Bianca Vaterrodt-Plünnecke

WAS IST
INTELLIGENZ?

Verlag C.H.Beck

Mit 11 Abbildungen und 4 Tabellen

Die erste Auflage dieses Buches erschien 1998.

2., überarbeitete Auflage. 2004

Originalausgabe
© Verlag C. H. Beck oHG, München 1998
Gesamtherstellung: Druckerei C. H. Beck, Nördlingen
Umschlagentwurf: Uwe Göbel, München
Printed in Germany
ISBN 3 406 41888 0

www.beck.de

Inhalt

Vorwort

„Intelligenz" gehört sicherlich zu den psychologischen Begriffen, die in der Öffentlichkeit breite Aufmerksamkeit erregen. Dies hat mit der enormen Bedeutung der damit bezeichneten Eigenschaft im täglichen Leben zu tun: Bereits bei der Einschulung wird untersucht, ob das Kind „klug" genug ist, um dem normalen Schulunterricht zu folgen. Der Eintritt in die Berufswelt oder die Zulassung zum Studium sind heute oftmals an Tests geknüpft, die im weitesten Sinne als Intelligenztests bezeichnet werden können. Auch beruflicher Aufstieg kann von entsprechenden Einschätzungen abhängig gemacht werden. Und einmal abgesehen von dieser „öffentlichen" Bedeutung der Intelligenz, gibt es ja auch noch ein persönliches Interesse daran: Wer möchte nicht gerne etwas über seine eigene Intelligenz erfahren, und sei es nur, um sich stolz mit einem bestimmten IQ-Wert zu brüsten?

Intelligenz besitzt somit in vielerlei Hinsicht Selektionsfunktion für den eigenen Lebensweg – kein Wunder also, daß man gerne wissen möchte, was es damit auf sich hat.

Wir wollen mit diesem kleinen Buch ein wenig die berechtigte Neugier des wissenschaftlich interessierten Laien stillen und auf einige zentrale Fragen Antwortvorschläge machen. Wir können weder das gesamte Wissen über das Konstrukt „Intelligenz" darbieten, das einschlägige Lehrbücher enthalten, noch können wir für uns in Anspruch nehmen, einen breiten Überblick über das Themengebiet zu geben. Was wir leisten können, ist eine Sensibilisierung unserer Leserinnen und Leser gegenüber wichtigen Fragen, die sich wie ein roter Faden durch die inzwischen gut hundertjährige Forschungstradition der modernen Psychologie ziehen: Wie mißt man Intelligenz? Ist Intelligenz angeboren oder durch die Umwelt beeinflußbar? Wie entwickelt sich Intelligenz über die gesamte Lebensspanne? Welche Zusammenhänge gibt es zwischen Intelligenz und anderen Faktoren? Läßt sich durch Training die Intelligenzleistung steigern?

Wir müssen gestehen: Das Schreiben dieses Buches hat uns beiden Spaß gemacht! Auch wenn es manchmal Phasen gab, in denen wir durch andere Verpflichtungen stärker abgelenkt waren, hat unser Interesse an einer allgemeinverständlichen Darstellung zum Teil komplizierter Gedankengänge immer wieder einen Weg gefunden.

Zu danken haben wir Bernd Reuschenbach für seine Hilfe bei der Herstellung von Abbildungen und Thomas Krüger für seine Unterstützung bei Computerfragen. Für hilfreiche Kommentare zu einer Erstfassung des Manuskripts danken wir Jürgen Bredenkamp, Marlene Endepohls und Christiana Hoerster. Herr Stephan Meyer vom Verlag C. H. Beck hat dieses Vorhaben nicht nur initiiert, sondern auch in angenehmer Weise begleitet. Auch dafür gilt unser Dank.

Heidelberg und Bonn, Frühjahr 1998

Joachim Funke und Bianca Vaterrodt-Plünnecke

I. Intelligenz: Was ist das?

Trotz intensiver Erforschung der „Intelligenz" in den vergangenen hundert Jahren gehen die Auffassungen darüber, was unter Intelligenz zu verstehen ist, weit auseinander. Ein Grund für diese Uneinigkeit entspringt wohl der Tatsache, daß Intelligenz als Begriff keinen allgemein anerkannten, objektiven Inhalt besitzt. Anders als bei der Größe, beim Alter oder beim Gewicht ist es nicht möglich, ein einzelnes Merkmal direkt zu beobachten, um dann etwas über die Intelligenz eines Menschen sagen zu können. Statt dessen muß Intelligenz aus dem Verhalten, z. B. beim Lösen von Problemen oder bei der Bewältigung neuer Situationen, erschlossen werden. Diese Definitionsprobleme hindern allerdings kaum jemanden daran, andere nach dem Grad der vermuteten Intelligenz zu bewerten. Es ist typisch für den Begriff der Intelligenz, daß man ihn anwendet, ohne groß darüber nachzudenken.

Befragt man Laien, wodurch sich intelligente Menschen auszeichnen, dann werden Eigenschaften wie Selbstsicherheit, Erfolg und Redegewandtheit genannt.[1] Was unter Intelligenz verstanden wird, ist eng mit den Normen und Werten verknüpft, die in der Gesellschaft vorherrschen. Eigenschaften, die im sozialen oder beruflichen Leben als vorteilhaft gelten, werden mit „Intelligenz" verbunden. Zudem wird der Begriff Intelligenz in zwei verschiedenen Bedeutungen verwendet: Einerseits „produktbezogen" im Sinne von *intelligenten Handlungen*, wie z. B. der Entdeckung eines neuen physikalischen Gesetzes, der Entwicklung eines Motors oder der Komposition eines Musikstückes. Andererseits „prozeßbezogen", um die *geistigen Prozesse* zu beschreiben, denen diese intelligenten Handlungen entspringen. Mit Adjektiven wie „klug", „begabt", „talentiert" und „aufgeweckt" werden oft Personen charakterisiert, die die Voraussetzungen für intelligentes Handeln besitzen.[2]

Auch unter Experten gibt es unterschiedliche Meinungen darüber, was Intelligenz ist. Ihre Uneinigkeit gipfelte 1923 in der Definition *Edwin Borings*,[3] „daß Intelligenz das sei, was die Tests testen". Diese Definition ist natürlich sehr unbefriedigend, da sie auf einem Zirkelschluß basiert: Man kann Intelligenz erst dann in einer solchen Weise definieren, wenn Intelligenztests von solchen Tests unterschieden werden können, die Intelligenz nur scheinbar erfassen. Dies ist jedoch nicht möglich, da wir dann zeigen müßten, daß die falschen Intelligenztests tatsächlich keine Intelligenz messen. Und dies ist wiederum nicht möglich, da Intelligenz ja noch gar nicht definiert ist.

Im Rahmen eines 1986 abgehaltenen Symposiums[4] wurden Experten-Antworten zu der Frage „Was ist Intelligenz?" zusammengetragen. Am häufigsten verwendeten die befragten Experten folgende Kennzeichen zur Definition des Konzeptes der Intelligenz: „höherstufige Verarbeitungskomponenten (logisches Schlußfolgern, Vorstellen, Problemlösen, Urteilen)", „das, was in einer Kultur als wesentlich eingeschätzt wird", „elementare Verarbeitungsprozesse (Wahrnehmung, Empfindung, Aufmerksamkeit)", „Wissen", „erfolgreiches Verhalten".

Offensichtlich liegen jedem Definitionsversuch unterschiedliche Auffassungen und Perspektiven von Intelligenz zugrunde, die sich auch in den unterschiedlichen Forschungstraditionen widerspiegeln. Grundsätzlich kann man den „Ansatz der Informationsverarbeitung", den „psychometrischen Ansatz" und den „entwicklungspsychologischen Ansatz" unterscheiden. Diese Ansätze betrachten „Intelligenz" aus unterschiedlichen Blickwinkeln und versuchen demnach, auf ganz verschiedene Fragen eine Antwort zu geben: Die Anhänger des *Informationsverarbeitungsansatzes*, der sich aus der experimentellen Psychologie entwickelte, erforschen die grundlegenden Prozesse geistiger Leistung. Dazu messen sie Reaktionszeiten und Gedächtnisleistungen und untersuchen, wie der Mensch auf unterschiedliche Informationen reagiert und in welcher Weise er Gelerntes verarbeitet. In der *Psychometrie* geht es um die Messung psychischer Merkmale auf der Basis von Tests. Psychometrische Intelligenztheorien wenden spezielle statistische Verfahren (Faktorenanalysen, vgl. Kap. XI. 2) an, um Intelligenztests zu analysieren. Daraus werden dann Schlußfolgerungen über die Struktur der Intelligenz abgeleitet. Der *entwicklungspsychologische Ansatz* geht auf den Schweizer Psychologen *Jean Piaget* zurück und beschäftigt sich mit der Intelligenzentwicklung im Verlauf des Lebens.

Seit ihrem Beginn ist die Intelligenzforschung durch Kontroversen gekennzeichnet, die auch heute noch nicht beigelegt sind. So wird und wurde schon immer die Frage diskutiert, ob Intelligenz eine allgemeine Kapazität ist oder ob verschiedene mentale Fähigkeiten, die relativ unabhängig voneinander sind, die Intelligenz eines Menschen ausmachen. Auch die Debatte, inwiefern Intelligenz angeboren oder erworben ist, stellt ein klassisches Thema dar, das auch heute noch nicht an Aktualität verloren hat. Der erste Standpunkt wurde beispielsweise zu Beginn dieses Jahrhunderts von *Alfred Binet* vertreten, der unter Intelligenz „die Art der Bewältigung einer aktuellen Situation" verstand. Heute spiegelt sich diese Sichtweise bei *Anne Anastasi*[5] wider, die Intelligenz als Anpassungsfähigkeit an die Anforderungen einer heterogenen und sich wandelnden Umgebung auffaßt und nicht als angeborene Persönlichkeitseigenschaft. Dagegen *steht Hans-Jürgen Eysenck*[6] eher in der Tradition von *William Stern*,[7] der Intelligenz als „personale Fähigkeit" ansah, die Menschen hilft, ihr Denken auf neue Forderungen einzustellen.

Wissen wir nun, was Intelligenz ist? Das bisher Gesagte hat diese Frage keineswegs erschöpfend beantwortet, sondern zunächst einmal nur ein Vorverständnis geschaffen. Zu einem vertieften Verständnis sollen die folgenden Kapitel beitragen, in denen wir jeweils spezielle Aspekte herausgreifen und vertiefen. Wir beginnen unseren Streifzug mit einem Blick auf die Geschichte der Intelligenzforschung.[8]

II. Aus der Geschichte der Intelligenzforschung

Schon lange, bevor sich die Psychologie im 19. Jahrhundert etabliert, haben sich Menschen mit der Frage befaßt, wie man die Qualifikation von Personen für bestimmte Aufgaben messen kann. Antike Schriften belegen dies. Um die Eignung eines Helden zu testen, mußte dieser schwierige Probleme lösen, wilde Tiere zähmen oder gefährliche Gewässer durchqueren. Auch Sagen und Märchen liefern Hinweise darauf, daß Personen oftmals komplexe Probleme zu bewältigen hatten oder schwierige Testfragen beantworten mußten, bevor ihnen ein wichtiges Amt übertragen wurde. So gelang es dem griechischen Sagenheld Ödipus nur deshalb, die Stadt Theben von der bösartigen Sphinx zu befreien, weil er imstande war, ihre Testfrage „Welches Wesen hat am Morgen vier Beine, am Mittag zwei und am Abend drei?" richtig mit „der Mensch" zu beantworten. Abseits von Sagen und Märchen beginnt die Geschichte der Intelligenzmessung in unserem Kulturbereich mit einer maurischen Menschenlehre, die im 13. Jahrhundert unter den Gelehrten Spaniens kursierte. Sie enthielt eine Anleitung darüber, wie Eltern die Begabung ihrer Söhne für bestimmte Wissenschaften feststellen konnten. Diese Geheimlehre wurde von dem spanischen Arzt *Joan Huarte* im Jahre 1575 vom Maurischen ins Spanische übersetzt, und deren Druck fand eine weite Verbreitung an den europäischen Fürstenhöfen.[1]

1. Physiognomie

Ein anderer Zweig zur Beurteilung geistiger Leistungsfähigkeit hat ebenfalls seine Wurzeln in der Antike und war selbst zu Beginn des 20. Jahrhunderts noch relativ einflußreich. So gab es Bestrebungen, anhand physiognomischer Merkmale bzw. anhand von Ausdruckserscheinungen wie Mimik oder Handschrift die Intelligenz eines Menschen zu diagnostizieren. Schon *Aristoteles* hatte eine ausführliche Abhandlung über die

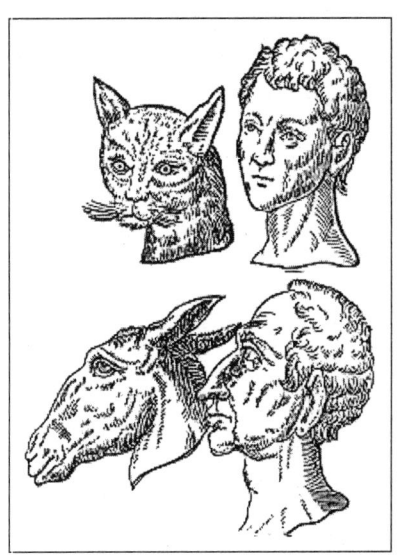

Abb. 1: Vergleich von Mensch- und Tierphysiognomien (aus: Gerling, 1930).

Physiognomie geschrieben, die als Lehre von der Deutung der Wesensart eines Menschen aus seiner Gestalt, insbesondere aus seinen Gesichtszügen, charakterisiert werden kann. Er stellte Vergleiche zwischen Menschen- und Tierphysiognomien an und fand Ähnlichkeiten bei „dummen" Menschen mit der Physiognomie des Esels oder bei „hinterlistigen" Menschen mit der Physiognomie der Katze (vgl. Abb. 1).[2]

Kurios muten heutzutage auch seine Beobachtungen zu einzelnen körperlichen Merkmalen an: So sei der „Geistreiche" durch weiches, zartes Fleisch, einen mageren Hals und magere Schultern, durch fleckenlose, feine weißrötliche Haut, ein feines schmales Gesicht, durch glanzvolle Augen und helles oder dunkles, nicht zu rauhes Haar gekennzeichnet. Den „Dummen" sprach Aristoteles große Kinnbacken, fleischige Stirn und ein ausdrucksloses Gesicht zu.

Im 17. Jahrhundert wurde die Physiognomie von dem Italiener della Porta aufgegriffen. Durch die Schriften Lavaters

(Physiognomische Fragmente, 1775–1779), an denen auch Herder und Goethe mitwirkten, gelangten sie zu großer Verbreitung. Mit zahlreichen Beispielen aus Geschichte, Kunst und Wissenschaft versuchte man nachzuweisen, daß geistige Größe meist einhergeht mit körperlicher Kleinheit. Diese Auffassung spiegelt sich auch in Sagen wider, in denen Zwerge oft als schlau und Riesen als dumm dargestellt werden.

2. Schädellehre

Später wurde dieser Forschungszweig von *Franz Joseph Gall* (1758–1828) aufgegriffen und variiert. Gall hatte schon in der Schule bei seinen Klassenkameraden eine Beziehung zwischen bestimmten geistigen Eigenschaften und deren Kopfform vermutet. Auf dieser Grundlage entwickelte er als Arzt und Hirnforscher in der zweiten Hälfte des 19. Jahrhunderts die Phrenologie (Schädellehre), derzufolge alle Begabungen und Charaktereigenschaften an Schädel- und Gesichtsform zu erkennen seien. In diesem Sinne überredete der amerikanische Anatom Spitzka einige hervorragende Personen seiner Zeit, ihr Gehirn nach dem Tod der Wissenschaft zur Verfügung zu stellen. Er untersuchte unter anderem das Gewicht und die Größe der Gehirne seiner verstorbenen Kollegen. Verglichen mit dem europäischen Durchschnitt von 1 300–1 400 Gramm schnitten manche Genies sehr gut ab. Besonders groß und schwer waren die Gehirne von Cuvier und Turgenjew. Das Gehirn des letzteren brachte es auf über 2 000 Gramm. Peinlich und verwirrend war jedoch das untere Ende der Skala. So wog das Gehirn von Gall, dem Mitbegründer der Schädellehre, lediglich 1 198 Gramm, und das Gehirn des berühmten Autors Anatole France brachte nur etwas mehr als 1 000 Gramm auf die Waage.[3]

3. Messung physiologischer Funktionen

Intelligenzmessung – im Sinne der Messung von Funktionsabläufen – entspringt einer Idee von *Sir Francis Galton* (1822–

911), der in England geboren wurde. Galton lebte in einer Zeit, in der evolutionstheoretische Vorstellungen zunehmend an Bedeutung gewannen. Sein großes Vermögen verhalf ihm dazu, seine Energie und Kreativität auf das zu konzentrieren, was ihn interessierte. In seinem 1869 veröffentlichten Buch „Genie und Vererbung" (deutsche Ausgabe von 1910) wollte er mittels einer Analyse der Stammbäume berühmter Engländer beweisen, daß Intelligenz und Genialität auf erbbiologischen Gesetzmäßigkeiten basieren. Während dieses Buch noch eher spekulativ war, führte er später in seinem 1884 errichteten Labor in London, das anläßlich einer Weltausstellung eröffnet wurde, neben Vermessungen z. B. des Kopfumfanges auch psychologische Tests durch. Unter dem Motto „Count whenever you can" („Zähle, wann immer Du kannst") unterzogen sich in den Jahren von 1884–1890 nahezu 10 000 Probanden seinen Tests. Gegen eine geringe Gebühr erhielten sie Auskunft über ihre Sehschärfe, ihr Gehör, ihre Reaktionsgeschwindigkeit oder Muskelkraft.

Galton glaubte, daß sich gebildete und kultivierte Personen durch ein besonders feines sensorisches Unterscheidungsvermögen auszeichneten. Seine Absicht war es, von physischen Eigenschaften und Unterschieden zwischen Individuen auf deren psychische Eigenschaften und Differenzen zu schließen. Er vertrat die Ansicht, daß man mit genügend Einfallsreichtum alles messen könne. So begann er unter anderem mit einer statistischen Untersuchung zur Wirksamkeit von Gebeten und schlug eine Methode zur Quantifizierung von Langeweile vor, die vorsah zu messen, wieviel Zeit die Zuhörer eines Vortrags damit verbrachten, auf ihren Stühlen herumzurutschen. Trotz des groß angelegten Projektes konnte Galton insgesamt kaum bedeutende Ergebnisse liefern.

Dennoch kommt ihm der Verdienst zu, viele in bezug auf die Intelligenz relevante Fragen wie z. B. deren Messung, die Rolle ihrer Vererbbarkeit oder den Einfluß der Erziehung erstmals aufgebracht zu haben. Von ihm kamen zudem wichtige Impulse zur statistischen Auswertung psychometrischer Daten, insbesondere zur Korrelationsrechnung im Bereich der Psychologie. Sein Wirken kann jedoch nicht ohne Kritik bleiben. Bereits 1883 propagierte Galton, der auch den Begriff „Eugenik" geprägt hatte, Heirat und Geburt aufgrund der „Wertigkeit" bestimmter elterlicher Erbanlagen zu reglementieren. Er stellte Überlegungen zur Züchtung einer menschlichen Rasse an, „[...] die den modernen Europäern geistig und moralisch ebenso überlegen wäre, als die modernen Europäer den niedrigsten Negerrassen überlegen sind".[4] Konsequenterweise suchte er in seinen Forschungen nach Indikatoren, die den Erfolg eines solchen Projektes sichern sollten.

In der Literatur wird oft darauf verwiesen, daß Galton ein Vetter von *Charles Darwin* (1809–1882) gewesen ist. Darwin hatte vermutet, daß das Überleben von Tierarten durch Anpassung an ihre Umwelt garantiert würde. Diese Anpassung käme durch einen Ausleseprozeß zustande, bei dem aufgrund genetischer Mutationen im Vererbungsprozeß letztlich die „bestangepaßten" Arten überleben würden. Mit dem Hinweis auf die verwandtschaftliche Beziehung zwischen Galton und Darwin soll oft auch eine Art „Geistesverwandtschaft" nahegelegt werden. Tatsächlich ist eher das Gegenteil der Fall gewesen: Darwin wandte sich ausdrücklich gegen eine Übertragung von Selektionsprinzipien auf die menschliche Gesellschaft. Interessant ist, daß seine Argumentation dafür sogar auf einer darwinistischen Position basiert: „Die Hilfe, die wir dem Hilflosen schuldig zu sein glauben, entspringt hauptsächlich dem Wert der Sympathie, die ursprünglich als Nebenform des sozialen Instinkts auftrat, aber in der schon früher angedeuteten Weise allmählich feiner und warmherziger wurde. Jetzt können wir diese Sympathie nicht mehr unterdrücken, selbst wenn unsere Überzeugung es verlangte, ohne daß dadurch unsere edelste Natur an Wert verlöre" (Darwin, 1932, S. 172).[5] Galtons physiologische Meßmethoden ähnelten denen von *Wilhelm Wundt* (1832–1920), der 1879 in Leipzig das erste psychologische Laboratorium gegründet hatte. Seine Zielsetzung war jedoch eine völlig andere. Während es Wundt vor allem darum ging, allgemeine Verhaltensgesetze ausfindig zu machen, wollte Galton Unterschiede zwischen Personen entdecken.

Unklar ist, ob Galtons experimentelles Interesse tatsächlich auf den Einfluß von Wundt zurückzuführen ist. Fest steht jedoch, daß Wundt die Arbeiten des Amerikaners *James McKeen Cattell* (1860–1944) beeinflußt hat. Dieser war von 1883–1886 Assistent von Wundt, wo er sich im Gegensatz zu seinem Lehrer mit der Untersuchung individueller Unterschiede beschäftigte. Später lehrte er an der Universität Cambridge. Dort traf er mit Galton zusammen, was dazu beitrug, daß er seine Ansichten über die Art der Unterschiede zwischen Menschen weiterentwickelte. Cattell hatte wie sein Kollege die Vorstellung, daß sensorische, perzeptuelle (wahrnehmungsmäßige) und motorische Prozesse die Basis menschlicher Intelligenz seien. Die Aufgaben einer von ihm entwickelten Testbatterie sahen z. B. vor, die Fähigkeiten von Studenten zu messen, indem diese erkennen sollten, welches von zwei Gewichten das leichtere sei, oder indem sie auf ein akustisches Signal hin möglichst schnell reagieren mußten. Mit dem 1890 erschienen Artikel „Mental tests and measurements", in dem er über seine Forschungen mit dieser Testbatterie erstmals berichtete, wurde die eigentliche Testpsychologie begründet. Zur Prognose des Studienerfolges konnten seine Tests allerdings wenig beitragen. Entgegen Cattells Erwartungen zeigte sich fast kein Zusammenhang zwischen den Testergebnissen der Studenten und ihren jeweiligen Studienleistungen. Trotzdem verfestigte sich auch in den folgenden Jahren seine Auffassung, daß die Erforschung interindividueller Unterschiede im Zentrum der psychologischen Forschung stehen müsse.

In Deutschland hatte Rieger (1888) schon zwei Jahre zuvor die ersten Intelligenzmeßverfahren entworfen, um Intelligenzdefekte systematisch erfassen und beschreiben zu können. Die Testsammlung umfaßte die Bereiche Perzeption (Wahrnehmung), Apperzeption (Auffassungsgabe), Gedächtnis, assoziative Prozesse, identifizierendes Erkennen und die sprachliche Kennzeichnung von Sinneseindrücken.

4. Der erste Intelligenztest

Dem Franzosen *Alfred Binet* (1857–1911) wird die Urheberschaft des allerersten Intelligenztests, der sogenannten *Binet-Skala*, zugesprochen. Obwohl ursprünglich als Mediziner ausgebildet, war Binet einer der führenden Psychologen seiner Zeit an der Pariser Sorbonne, zugleich Mitbegründer des ersten Psychologischen Labors in Frankreich.

Binet war davon überzeugt, daß individuelle Unterschiede zwischen Personen genau in den bis dahin wenig untersuchten Bereichen der höheren geistigen Tätigkeiten zu finden seien. Zusammen mit seinem Kollegen Henri schlug er bereits 1896 verschiedene Testverfahren vor, mit denen insgesamt elf verschiedene Fähigkeiten „gemessen" werden konnten. Dabei handelte es sich um Gedächtnis, visuelle Vorstellungen, Vorstellungskraft, Aufmerksamkeit, Verständnis, Beeinflußbarkeit, ästhetisches Empfinden, Willenskraft, moralisches Empfinden, motorische Fertigkeiten und Raumvorstellung.

Festzuhalten ist an dieser Stelle, daß die Auffassung, psychische Dimensionen messen zu können, natürlich dem positivistischen Ideal der damaligen Zeit und dem Einfluß naturwissenschaftlicher Erfolge bei der Quantifizierung physischer Phänomene folgte. Damit einher gingen Entwicklungen im Bereich der Statistik, die die Verarbeitung größerer Zahlenmengen möglich machte. Natürlich war die Behauptung, psychische Größen analog zu physikalischen Dimensionen *messen* zu wollen, eine Provokation für die im 19. Jahrhundert vorherrschende Tradition einer philosophisch-spekulativ orientierten Psychologie. Im Zuge des Empirismus der Jahrhundertwende ist diese Tradition untergegangen, und es wurde für Psychologen selbstverständlich, ihre Theorien und Modellvorstellungen empirisch abzusichern. Die Etablierung der Psychologie als experimentell orientierte Naturwissenschaft hat in dieser Zeit ihre Anfänge genommen, von denen sie heute noch profitiert.

Auf Betreiben des französischen Erziehungsministeriums wurden Binet und sein Schüler, der Rechtsanwalt Théophile

Simon, beauftragt, ein Verfahren zu entwickeln, um mögliche Lernbehinderungen bei Kindern objektiv zu erkennen. Ziel des Projektes war es, diesen Kinder besonderen Unterricht zu erteilen, der ihren Fähigkeiten besser entsprach. Im Gegensatz zu Galton ging Binet davon aus, daß die Testwerte keinesfalls ein Maß für angeborene Intelligenzunterschiede seien, sondern bestenfalls die Schätzung aktueller Leistungsunterschiede reflektierten. Durch Training und besondere Unterstützung ließe sich die Leistung der Kinder steigern. In der Literatur wird immer wieder betont, daß es Binet – im Gegensatz zu vielen seiner Zeitgenossen – darum ging, lernschwachen Kindern zu helfen. Angemerkt sei, daß dieselbe Absicht übrigens auch der deutsche Psychologe *Hermann Ebbinghaus* (1850–1909) hatte. In einer 1898 erschienenen Arbeit widmete Ebbinghaus sich unter anderem der Prüfung geistiger Fähigkeiten bei Schulkindern und ging der Frage nach, ob und wie der Unterricht die Kinder überfordere.

Die Konzeption des im Jahre 1905 erschienenen Intelligenztèsts von Binet war originell und bestechend einfach: Kindern unterschiedlicher Altersstufe wurden verschiedene Aufgaben vorgelegt, die den Anspruch hatten, objektiv bewertbar zu sein und eher logisches Denken als Auswendiglernen erforderten. Zudem sollten unterschiedliche Umweltbedingungen der Kinder möglichst keinen Einfluß auf die Testergebnisse haben. Die Kinder wurden beispielsweise aufgefordert, ihre Nase oder ihr Ohr zu zeigen, Zeichnungen aus dem Gedächtnis wiederzugeben oder Begriffe zu definieren. Zur Festlegung von testpsychologischen Normen wurden 50 nichtbehinderte Kinder zwischen drei und elf Jahren getestet. Die Bestimmung der Intelligenz erfolgte anhand der Anzahl der Aufgaben, die ein Kind lösen konnte. 1908 wurde eine neu bearbeitete Binet-Simon-Skala vorgelegt. Sie enthielt nun Aufgaben in abgestufter Schwierigkeit für drei- bis dreizehnjährige Kinder. 1911 gaben Binet und Simon eine dritte revidierte Version ihres Tests heraus. Für jede Altersstufe, vom Vorschulalter bis zum 15. Lebensjahr, gab es jetzt einheitlich fünf Aufgaben. Beispielsweise handelte es sich bei den Aufgaben für ein dreijähriges Kind um das Wiederholen von zwei Ziffern, die Angabe des Familiennamens, Aufzählung der auf einer Zeichnung dargestellten Gegenstände, Wiederholen einen sechssilbigen Satzes und das Zeigen von Nase, Mund und Ohr.

Die individuelle Leistungsfähigkeit bei diesen Skalen wurde durch das Intelligenzalter (IA) beschrieben. Als *Intelligenzgrundalter* galt die Altersstufe, bis zu der alle Aufgaben, mit höchstens einer Ausnahme, gelöst wurden. Wenn zusätzliche Aufgaben aus höheren Altersstufen gelöst wurden, dann erhöhte sich das Intelligenzgrundalter entsprechend (IA = Intelligenzgrundalter + die weiteren Intelligenzjahre). Ein Kind konnte somit seiner Altersgruppe voraus sein oder im Vergleich zu ihr zurückliegen. Binet lehnte es ab, die Bedeutung des erlangten Testwertes eines Kind zu definieren. Zudem weigerte er sich, den Test zur generellen Einordnung und Etikettierung der Schüler nach ihrem geistigen Niveau zu betrachten. Der Test sollte lediglich einem begrenzten Zweck dienen, nämlich der Ermittlung von lernbehinderten Kindern, um diese in besonderer Weise unterrichten zu können.

Binet machte auch spezielle Vorschläge für die Gestaltung des Unterrichtes. So empfahl er kleine Klassen (15–20 statt 60–80 Kinder) und ein Programm, das er als „geistige Orthopädie" bezeichnete. Mit einer Reihe von Leibesübungen sollten Willenskraft, Aufmerksamkeit, Disziplin und Konzentration geschult werden, bevor Grammtikübungen auf dem Lehrplan standen. Eine dieser Übungen, die den Namen „l'excercise des statues" trug, sah vor, die Konzentrationsdauer zu verbessern. Die Kinder wurden aufgefordert, wild herumzuspringen, bis sie auf ein Zeichen hin eine unbewegte Haltung einzunehmen hatten. Die Dauer der Bewegungslosigkeit wurde dann von Tag zu Tag verlängert. Binet freute sich über den Erfolg seines Programms und meinte, daß sich bei dieser bevorzugten Unterrichtung nicht nur das Wissen vergrößere, sondern auch die Intelligenz. „Wir haben das gesteigert, was die Intelligenz eines Schülers ausmacht: die Fähigkeit zu lernen und den Unterricht in sich aufzunehmen" (Binet, 1912, S. 124).[6]

Auch wenn Binets Tests noch eine Reihe von klaren Defiziten aufwiesen (zur Standardisierung wurden z.B. nur jeweils zehn Schüler aus fünf verschiedenen Altersstufen ausgewählt), so ist doch das vorgelegte Grundkonzept der Testkonstruktion bis in unsere Zeit hinein wiederzufinden. Erkennbar ist auch, daß die Testentwicklung betrieben wurde, um bestimmte gesellschaftliche Bedürfnisse zu befriedigen. Dies ist in späteren Jahren noch deutlicher geworden, als das Prinzip der Auslese geradezu zum Leitmotiv der Intelligenzmessung erhoben wurde.

5. Die Entstehung des „IQ"

Unabhängig von Binet arbeitete auch der deutsche Psychologe *William Stern* an einer Testsammlung. Er definierte erstmalig den Begriff *Intelligenzquotient* (IQ). Ein Defizit des „Intelligenzalters" (IA) von Binet bestand nämlich darin, daß der absolute Intelligenz-Rückstand oder -Vorsprung über den tatsächlichen Leistungsstand wenig aussagt. So muß z.B. das Defizit eines fünfjährigen Kindes mit einem IA von 3 als gravierender bewertet werden als das Defizit eines zehnjährigen Kindes mit einem IA von 8, obwohl der absolute Rückstand in beiden Fällen zwei Jahre beträgt. Der IQ von Stern berücksichtigte dies, indem das Intelligenzalter durch das Lebensalter geteilt wurde. Um auf ganzzahlige Werte zu gelangen, wurde der Wert später mit 100 multipliziert. Bezogen auf das angeführte Beispiel beträgt der IQ des zehnjährigen 80 und der IQ des fünfjährigen Kindes 60.[7] Doch auch der so definierte Intelligenzquotient hat Nachteile, da sich die kognitiven Leistungen mit zunehmendem Alter nicht mehr verbessern, das Lebensalter, durch das dividiert wird, jedoch kontinuierlich ansteigt. Für Erwachsene ist daher ein IQ, der Intelligenzalter mit Lebensalter in Beziehung setzt, völlig sinnlos. Dieses Problem löste der Amerikaner *David Wechsler*, der sich in erster Linie für die Intelligenz erwachsener Menschen interessierte. Er führte 1932 den IQ als „Abweichungsquotienten" ein. Prinzipiell hat das von ihm entwickelte Vorgehen – Ermittlung der Abweichung zwischen individuellem Leistungswert und dem Leistungsmittelwert der korrespondierenden Altersgruppe – noch heute Gültigkeit (vgl. Kap. III). Dieser Abweichungswert wird nach wie vor als Intelligenzquotient bezeichnet, obwohl es sich strenggenommen nicht um einen Quotienten handelt.

6. Was aus Binets Test wurde

Nun zurück zu Binet. Der von ihm entwickelte Test wurde in verschiedenen Ländern mit Begeisterung aufgenommen und den dortigen Verhältnissen angepaßt, so durch *Louis M. Terman* (1877–1956) für die USA und durch *Sir Cyril Burt* für England. *Bobertag* setzte den Test für Deutschland um. Diese Version fand allerdings kaum Verbreitung, da sie gravierende Mängel aufwies.[8] Die ursprünglich so positive Absicht des Binet-Tests geriet immer mehr in Vergessenheit. In den Vereinigten Staaten wurde der Test durch Terman, der Professor an der Stanford Universität war, als *Stanford-Binet-Test* sehr popularisiert. In seiner ersten Überarbeitung von 1916 weitete Terman den Test auf Erwachsene aus und erhöhte die Anzahl der Aufgaben von 54 auf 90. Während Binets Testentwicklung noch auf 50 untersuchten Schülern basierte, stützte sich Terman auf Daten von rund 2 300 amerikanischen Schülern. Die 1917 einsetzende Beteiligung der USA am Ersten Weltkrieg schuf eine neue Zielgruppe: Soldaten. Der Heerespsychologe Yerkes arbeitete in dieser Zeit zusammen mit Terman, Henry Goddard und anderen Kollegen die ersten Leistungstests aus, die als Gruppentests anzuwenden waren (d.h. keine individuelle Datenerhebung mehr, sondern Reihenuntersuchung einer größeren Gruppe von Personen, die den Test gleichzeitig bearbeiten). Mit diesen Tests, die als *Army-Alpha-Test* und *Army-Beta-Test* bekannt geworden sind, wurden etwa 1 750 000 Rekruten der amerikanischen Armee überprüft, um sie hinsichtlich ihres militärischen Ranges einzuordnen. Rekruten, die schreiben und lesen konnten, wurden dem schriftlichen Alpha-Test unterzogen, Analphabeten legte man den Beta-Test vor, bei dem es sich um einen Bildertest handelte. Diejenigen, die auch bei diesem Test versagten, waren für eine Einzelprüfung vorgesehen, die gewöhnlich die Durchführung einer Version des Binet-Tests vorsah. Entsprechend seinem Abschneiden in den Tests wurde jeder Mann mit einer Note von A-E bewertet, wobei diese den Schulnoten 1–5 entsprachen. Für die Offizierslaufbahn kamen in den meisten Fällen nur Personen in Betracht, die mindestens die Note C erzielt hatten. Damit hatte Terman die ersten Berufseignungs- und Zulassungstests, die im großen Stil angewendet werden konnten, eingeführt.[9]

Der *Stanford-Binet-Test* galt lange Zeit als „Goldstandard", an dem neu konstruierte Testverfahren gemessen wurden. Die letzte (vierte) Revision dieses Verfahrens erfolgte übrigens 1985 und zeigt, wie lange sich ein einmal eingeführtes Verfahren bei entsprechender „Pflege" halten kann.

III. Wie mißt man Intelligenz, und was wird gemessen?

Die Messung der Intelligenz stellt eine große Herausforderung für die psychologische Diagnostik dar: Mit welchem Recht kann behauptet werden, eine Person verfüge über einen bestimmten Intelligenzwert? Läßt sich Intelligenz denn überhaupt quantitativ ermitteln?

Dabei sieht das mögliche Verfahren auf den ersten Blick ganz einfach aus: Man erstellt eine Sammlung unterschiedlich schwieriger Anforderungen, die über die intelligenten Leistungen einer Person Auskunft geben, z.B. über deren Fähigkeit, Zahlenreihen wie „1 1 2 6 24 ?" korrekt fortzusetzen (richtige Antwort: 120), einen Fisch aus einem Bach mit der bloßen Hand zu fangen, eine schwierige Situation in einer sozialen Gruppe gut zu bewältigen oder die Bedeutung von Begriffen zu erläutern. Anschließend ermittelt man, wieviel der gestellten Aufgaben von der entsprechenden Person gelöst wurden. Je größer deren Anzahl, um so intelligenter die Person.

Aber schon bald wird klar, daß es eine Reihe von Problemen gibt: Kann immer eindeutig entschieden werden, ob eine Antwort richtig oder falsch ist? Hat das Fortsetzen von Zahlenreihen oder das Fangen eines Fischs etwas mit Intelligenz zu tun? Sind die verschiedenen Anforderungen alle von gleichem Gewicht?

In der inzwischen hundertjährigen Tradition der Intelligenzforschung sind zahlreiche Vorschläge zur Messung unterbreitet worden,[1] die ihren Niederschlag in den gängigen Intelligenztests gefunden haben. Bevor wir exemplarisch auf aktuelle deutschsprachige Intelligenztests eingehen, soll ein kurzer Blick auf die historische Entwicklung dieser Meßverfahren geworfen werden, zumal sich viele um die Definition von Intelligenz drücken und einfach sagen, Intelligenz sei das, was die Tests messen.[2] Auch wenn wir uns diesen operational definierten Intelligenzbegriff nicht zu eigen machen wollen, ist ein Blick auf die Praxis der Intelligenzdiagnostik ratsam, um das Konstrukt besser zu verstehen.

Das von Stern begründete und von Terman übernommene Verständnis des IQ als Verhältnis des mentalen Alters zum Lebensalter ist nur in bezug auf Kinder sinnvoll anzuwenden, bei denen kognitive Leistungen sich mit fortlaufendem Alter verbessern. Bei Erwachsenen ist die Bildung eines derartigen Quotienten nicht mehr sinnvoll, und die am Anfang ersatzweise vorgeschlagene Regelung, Erwachsene unabhängig von ihrem tatsächlichen Alter mit dem Standardwert von 17 Jahren bei der IQ-Berechnung zu behandeln, wurde später von *David Wechsler*, dem Vater des *Wechsler-Bellevue-Intelligenztests*,[3] scharf kritisiert. Anstelle des Verhältnisses schlug Wechsler vor, einen Abweichungswert zu bestimmen. Es wird eine Reihe von Aufgaben erstellt, die für Erwachsene unterschiedlicher Altersstufen gleich sind. Die Leistung eines bestimmten Individuums wird auf die durchschnittliche Leistung seiner Altersgruppe bezogen, wobei der Abstand der individuellen Leistung vom Gruppendurchschnitt den Intelligenzwert ergibt. Für jede Altersgruppe wird der Durchschnitt mit 100 angesetzt und die Abweichung vom Durchschnitt wird mit Hilfe eines Streuungsmaßes berechnet, wodurch sich die Werte für verschiedene Individuen und Gruppen vergleichen lassen. Hierbei ist das Konzept der Standardabweichung brauchbar, mit dem unter Bezug auf das Konzept einer Normalverteilung bestimmt werden kann, wieviel Prozent einer Stichprobe beispielsweise im Intervall plus/minus eine Standardabweichung liegen (dieses Intervall deckt 68,3% der Fälle ab). Abb. 2 illustriert die Bestimmung eines Abweichungs-IQ für einen Test, dessen Mittelwert willkürlich auf 100 festgelegt wird.

Aufgrund von Querschnittsuntersuchungen, bei denen zu einem Meßzeitpunkt die IQ-Werte von Personen unterschiedlicher Altersgruppen erfaßt werden, postulierte Wechsler einen Anstieg der IQ-Leistung bis zum Alter von etwa 25 Jahren und einen Altersabbau der Intelligenz im höheren Lebensalter – eine Aussage, die nach heutiger Sicht nicht genügend diffe-

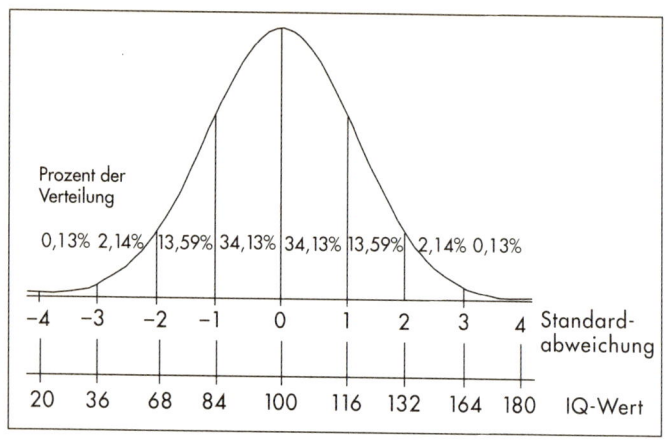

Abb. 2: Bestimmung eines Abweichungs-IQ:
im oberen Teil eine Standard-Normalverteilung
mit Mittelwert = 100 und Standardabweichung = 16;
darunter die entsprechenden IQ-Werte.

renziert ist. Wir gehen auf dieses Thema in Kap. VII. 3 unter dem Stichwort „Intelligenz im Alter" noch genauer ein. Das Konzept von Wechslers Test wird weiter unten anhand seiner deutschen Version, des *Hamburg-Wechsler-Intelligenztests*, ausführlicher dargestellt.

Die Entwicklung von Intelligenztests in Deutschland ist nach den Aktivitäten von William Stern, der im Jahre 1912 nicht nur den IQ eingeführt hatte, sondern auch Intelligenz zu definieren versuchte („Intelligenz ist die allgemeine Fähigkeit eines Individuums, sein Denken bewußt auf neue Forderungen einzustellen; sie ist allgemeine geistige Anpassungsfähigkeit an neue Aufgaben und Bedingungen des Lebens"), zum Erliegen gekommen. Die Weiterentwicklung der psychometrischen Intelligenzmessung verlagerte sich deutlich auf die USA, wo nicht nur eine enorme Anzahl von Personen getestet wurde, sondern z. B. auch die statistischen Verfahren zu deren Bearbeitung entwickelt und bereitgestellt wurden.

1. Aktuelle deutschsprachige Intelligenztests

In einer älteren Übersicht von 1983 berichtet *Wolfgang Conrad*[4] über insgesamt 74 deutschsprachige Intelligenztests, eine Zahl, die heute sicher eher größer als kleiner geworden ist. Die im deutschsprachigen Raum heutzutage hauptsächlich eingesetzten Intelligenztests sind der *Hamburg-Wechsler-Intelligenztest* (in besonderen Formen für Kinder bzw. für Erwachsene, HAWIK bzw. HAWIE), der *Raven-Matrizen-Test*, der *Intelligenzstrukturtest* (IST), der *Grundintelligenztest CFT* und das *Leistungsprüfsystem* (LPS). Die Reihenfolge der Nennung orientiert sich an einer Umfrage unter 1 500 westdeutschen Berufspraktikern, die *Angela Schorr* im Jahr 1995 veröffentlicht hat.[5] Nicht in dieser Umfrage erwähnt, aber dennoch bedeutsam sind auch der *Wilde-Intelligenztest* (nach Angaben der Testautoren über 250 000 mal eingesetzt), die *Kaufman Assessment Battery for Children* (kurz Kaufman-ABC genannt) sowie der neu entwickelte *Berliner Intelligenzstruktur-Test* (BIS), der als Baukastensystem konzipiert ist und eine Auswahl unter 45 sehr verschiedenen, repräsentativ ausgewählten Aufgabentypen bietet.

Was aus der Umfrage von Schorr für unser Thema von Bedeutung ist: Rund ein Viertel der Gesamtstichprobe befragter praktisch tätiger Diagnostiker wünscht sich neue oder zumindest verbesserte Testverfahren im Bereich der Intelligenz, mehr als in jedem anderen Bereich der psychologischen Diagnostik. Dies zeigt ein gewisses Unbehagen über die bis heute entwickelten Verfahren auf, ein Unbehagen, das durchaus seine Gründe hat. Wir werden auf kritische Aspekte der Intelligenzmessung am Ende dieses Kapitels eingehen.

Da wir die Vielzahl der im deutschsprachigen Raum eingesetzten Tests aus Raumgründen nicht detailliert beschreiben können, konzentrieren wir uns auf den gemäß der repräsentativen Umfrage am häufigsten genannten Test, den *Hamburg-Wechsler-Intelligenztest für Erwachsene* (HAWIE) sowie auf den in den achtziger Jahren entwickelten *Berliner Intelligenzstruktur-Test* (BIS).[6]

(1) Hamburg-Wechsler-Intelligenztest für Erwachsene (HAWIE)

Der HAWIE, der zuletzt im Jahre 1991 einer größeren Revision unterzogen wurde, besteht aus elf Skalen, von denen sechs den sogenannten Verbalteil ausmachen, fünf Skalen zählen zum sogenannten Handlungsteil. Tab. 1 zeigt die verschiedenen Untertests zusammen mit einer kurzen Beschreibung.

Tab. 1: Die verschiedenen HAWIE-Skalen
mit je einer kurzen Erläuterung der Aufgabenstellung.

Verbalteil	
„Allgemeines Wissen"	Wissensfragen unterschiedlicher Schwierigkeit
„Zahlen nachsprechen"	Eine vorgesprochene Zahlenreihe soll nachgesprochen bzw. rückwärts aufgesagt werden
„Wortschatz-Test"	Es wird nach der Bedeutung verschiedener Begriffe gefragt
„Rechnerisches Denken"	Es werden unterschiedliche Rechenaufgaben gestellt
„Allgemeines Verständnis"	Es wird nach Begründungen für bestimmte Tätigkeiten gefragt, z.B. warum man Steuern zahlen muß
„Gemeinsamkeiten finden"	Es werden jeweils zwei Objekte genannt, zu denen ein Oberbegriff zu finden ist
Handlungsteil	
„Bilder ergänzen"	Auf vorgelegten Bildern fehlt jeweils ein bestimmtes Element (z.B. der Griff an einer Tür), das gefunden werden soll
„Bilder ordnen"	Eine in mehrere Standbilder zerlegte Handlungssequenz muß in die richtige Reihenfolge gebracht werden
„Mosaik-Test"	Aus Würfeln vorgegebene Muster müssen nachgelegt werden
„Figuren legen"	Einzelne Teile sind zu einem Bild zusammenzulegen
„Zahlen-Symbol-Test"	Eine vorgegebene Menge an Ziffern ist gemäß einer Kodierungstabelle in Zeichen umzuwandeln

Neben der Erhebung eines Gesamt-IQs erlaubt der HAWIE auch eine Profilanalyse über alle Untertests. Auch die Errechnung eines „Abbauquotienten" aus dem Vergleich altersbeständiger Untertests mit solchen, die nicht altersbeständig sind, kann vorgenommen werden.

Neben der Version für Erwachsene gibt es auch den *Hamburg-Wechsler-Intelligenztest für Kinder* (= HAWIK), dessen zuletzt vorgenommene Revision von 2000 datiert. Die Struktur dieses Tests ist analog zu der Erwachsenen-Version.

(2) Berliner Intelligenzstruktur-Test (BIS)

Der BIS, der seit 1995 in Anwendung ist, wurde in langjähriger Arbeit durch den Berliner Professor Adolf O. Jäger und dessen Mitarbeiter entwickelt.[7] Das dem BIS zugrundeliegende Intelligenzstrukturmodell basiert auf zwei Grundannahmen:

(1) die Intelligenz ist hierarchisch aufgebaut (Ebene der einzelnen Anforderung, der zusammengefaßten Komponenten und der allgemeinen Intelligenz);

(2) jede Intelligenzleistung wird mehrdimensional und mehrmodal (d.h. auf verschiedenen Ebenen) determiniert; in jede Intelligenzleistung gehen mindestens eine tätigkeitsbezogene (operative) und eine inhaltsgebundene Fähigkeitskomponente ein.

Im BIS werden vier operative und drei inhaltsgebundene Aspekte unterschieden, aus deren Kombination insgesamt zwölf verschiedene Anforderungen entstehen. Abb. 3 verdeutlicht das bimodale Intelligenzstrukturmodell.

Die operativen Fähigkeitskomponenten bestehen aus Bearbeitungsgeschwindigkeit (B; Arbeitstempo, Auffassungsleichtigkeit und Konzentrationskraft beim Lösen einfach strukturierter, leichter Aufgaben), Merkfähigkeit (G; aktives Einprägen und Wiedererkennen oder Reproduzieren von verbalem, numerischem und figural-bildhaftem Material), Einfallsreichtum (E; Ideenproduktion, Verfügbarkeit vielfältiger Informationen, Reichtum an Vorstellungen; nicht beschränkt auf verbale Inhalte) und Verarbeitungskapazität (K; Verarbeitung komplexer

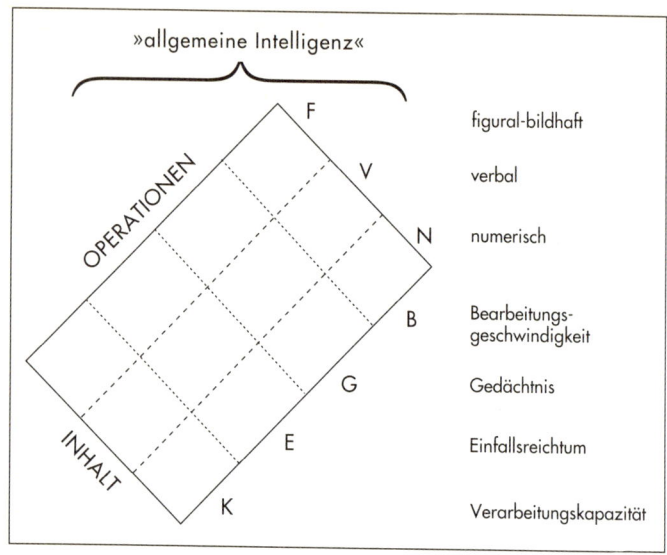

Abb. 3: Hierarchisches, bimodales Intelligenzstrukturmodell
nach Jäger (1982).

Informationen, Heranziehen, Verfügbarhalten, vielfältiges Beziehungsstiften). Die inhaltsgebundenen Fähigkeitskomponenten bestehen aus dem sprachgebundenen Denken (V für verbal; erfaßt die Aneignung und Verfügbarkeit des Beziehungssystems „Sprache"), dem zahlengebundenen Denken (N für numerisch; erfaßt die Aneignung und Verfügbarkeit des Beziehungssystems „Zahlen") und dem anschauungsgebundenen Denken (F für figural-bildhaft; erfaßt den Umgang mit figural-bildhaftem Aufgabenmaterial).

Jede Intelligenzleistung kann beschrieben werden als Kombination einer operativen und einer inhaltsgebundenen Fähigkeit. Als Beispiel sei etwa genannt, daß für die Lösung der Aufgabe „Zahlenreihen fortsetzen" sowohl das System der Zahlen beherrscht werden (inhaltsgebundene Komponente, N) als auch die Fähigkeit zu logisch-schlußfolgerndem Denken (operative Komponente, K) vorhanden sein muß.

Der Test selbst besteht aus 45 Aufgabentypen, die sich auf die zwölf Zellen der Matrix aus den beschriebenen vier operativen und den drei inhaltsgebundenen Fähigkeitskomponenten verteilen und die unter Zeitdruck zu bearbeiten sind. Die Aufgaben wurden zum Teil bereits vorhandenen Instrumenten entnommen, zum Teil angeregt durch bestehende Aufgaben und zum Teil eigens für das Verfahren neu erstellt. Jede Aufgabe wurde auf nur eine Inhaltskomponente und nur eine Fähigkeitskomponente hin konstruiert; daraus ergibt sich das Prinzip der Bimodalität der Aufgaben und die Baukastenform des Tests. Die Aufgaben können den Zellen der Matrix in Abb. 3 zugeordnet werden. Einige Beispielaufgaben zu zwei der zwölf Zellen erläutert Tab. 2.

Tab. 2: Beispielaufgaben zu zwei der insgesamt zwölf Zellen des BIS.

Zelle Bearbeitungsgeschwindigkeit – Verbal:

Aufgabe TG: „Teil-Ganzes"	In einer Wortliste folgen manchmal zwei Wörter aufeinander, die in einer bestimmten Beziehung zueinander stehen. Entsprechende Fälle sind zu markieren.
Aufgabe KL: „Klassifikation von Wörtern"	In einer Wortliste sind alle Tiernamen mit einem T, alle Pflanzen mit einem P und alle Objektnamen, die weder Tier noch Pflanze sind, mit einem X zu markieren.

Zelle Einfallsreichtum – Figural:

Aufgabe DE: „Dekorationen"	Möglichst viele der abgebildeten Gegenstände (Blumentöpfe bzw. Krawatten) sind auf möglichst unterschiedliche Art zu dekorieren.
Aufgabe ZF: „Zeichen-Fortsetzen"	Vorgegeben werden mehrere durch jeweils gleiche Striche begonnene Zeichnungen. Diese sind so zu ergänzen, daß daraus möglichst viele verschiedene reale Objekte entstehen.
Aufgabe ZK: „Zeichen-Kombinieren"	Aus vier vorgegebenen geometrischen Einzelfiguren sollen möglichst viele verschiedene zusammengesetzte Figuren gebildet werden.

Der BIS erweist sich aufgrund der Klarheit seiner Struktur als ein interessantes Diagnoseverfahren, mit dem differenzierte

Informationen über die Leistungen einer Person gewonnen werden können.

(3) Konstruktive Schwächen
Natürlich ist die hier exemplarisch beschriebene Messung von Intelligenzleistungen nicht ohne Probleme. Zum einen ist jede Art von Messung natürlich nur in Verbindung mit einem entsprechenden Intelligenzmodell sinnvoll – darüber wird im nächsten Kapitel mehr gesagt werden. Zum anderen ist nicht zu leugnen, daß auch vor dem Hintergrund eines bestimmten Intelligenzmodells mancher Test konstruktive Schwächen aufweist.

So weist der Testkritiker *Ernst Fay*[8] etwa auf das kuriose, aber durchaus symptomatische Kleindetail hin, wonach man auf die im HAWIE gestellte Frage „Warum gibt es ein gesetzliches Arbeitsverbot für Kinder" mit der Antwort „Das Kind ist zu schlecht bezahlt und macht außerdem den Erwachsenen Konkurrenz auf dem Arbeitsmarkt" die Höchstpunktzahl von zwei Punkten erzielt, während die vernünftigere Antwort „Kinderarbeit kann zu körperlichen und seelischen Entwicklungsschäden führen" aufgrund der Bewertungsregeln nur einen Punkt erzielt. Da insgesamt viele Fragen gestellt werden und nicht all diese Fragen derartige Mängel aufweisen, ist die hier genannte Schwäche natürlich nicht so gravierend. Sie zeigt aber gerade bei dieser Art von Fragen den hohen wertenden Anteil des Testkonstrukteurs, der die Bezeichnung „Leistungstest" für diese Kategorie von Meßinstrumenten in Zweifel ziehen läßt. Dies leitet über zu einem großen Schwachpunkt von Intelligenztests, nämlich ihrer zumeist vorhandenen Kulturgebundenheit.

2. Zum Problem der Kulturgebundenheit von Intelligenztests

Wie die eben genannten Beispiele zeigen, werden in Intelligenztests immer wieder kulturspezifische Inhalte erfragt, die von Personen, die nicht mit der westlichen Kultur vertraut sind, nur schwer oder gar nicht beantwortet werden können (Frage: „Was ist ein Heiermann?" Antwort: „Umgangssprachliche Bezeichnung des Fünf-Mark-Stücks"). Dies ist das Problem der Kulturgebundenheit von Intelligenztests, was gerade in *den* Ländern zum Problem wird, die das Prinzip der Chancengleichheit realisieren wollen. Kulturanthropologen haben schon früh befürchtet, daß derartige Tests nur die Vertrautheit mit Elementen einer städtischen Bevölkerung der Mittelklasse widerspiegelten. Wenn etwa die Frage gestellt wird „Was ist eine Hieroglyphe?", hat nur jemand mit einer bestimmten Schulbildung gute Chancen, diese Frage korrekt zu beantworten. Fragt man dagegen „Was ist zu tun, wenn Dich jemand grundlos schlägt?", hat auch jemand ohne formale Bildung die Chance zu einer intelligenten Antwort. Mit diesem Beispiel wird zugleich klar, daß Kulturgebundenheit sich nicht nur auf den Vergleich von Personen aus verschiedenen Ländern bezieht, sondern bereits auf der Ebene von „Sub"-Kulturen innerhalb einer Gesellschaft erfolgt.

Auch wenn es keine einfache Lösung zu diesem Problem gibt: Ein erster Schritt in diese Richtung wird getan, wenn man anstelle sprachgebundener Tests sogenannte sprachfreie Verfahren einsetzt, die mit grafischen oder symbolischen Elementen arbeiten, zwischen denen Relationen erkannt werden sollen und begonnene Strukturen fortzusetzen bzw. zu ergänzen sind. Abb. 4 zeigt Beispiele solcher Testaufgaben, die zur sprachfreien Erfassung der Intelligenz dienen.

Dennoch löst dieser Ausweg das Problem nur teilweise. Mit welchem Recht nämlich wird diese Art von abstraktem Schlußfolgerungsprozeß zum zentralen Bestimmungsstück intelligenten Handelns gemacht? Kommt hier nicht implizit eine Bewertung darüber zum Vorschein, was „intelligent" sein soll und was nicht? Ist es für einen Eskimo wirklich wichtig, grafische Symbolreihen zu komplettieren? Können wir daran seine Intelligenz ablesen?

Hier tritt eine Kritik an Intelligenztests auf den Plan, die viel grundsätzlicher die in Tests zugrundegelegte Konzeption intelligenter Verhaltensweisen in Frage stellt. Die in den gängigen

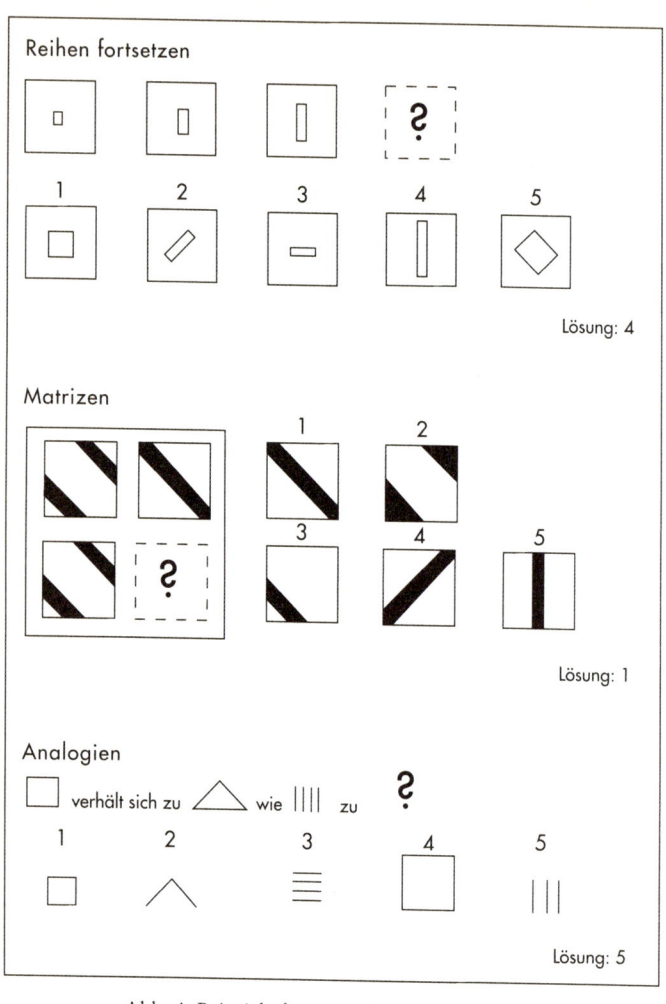

Abb. 4: Beispiele für sprachfreie Testaufgaben.

Testaufgaben gestellten Anforderungen gehen von einem kühl, logisch und rational handelnden Menschen aus und lassen eine andere Art von Intelligenz damit völlig außer acht, die weniger verstandes- als vielmehr gefühlsbetont und intuitiv abläuft (vgl. den Abschnitt über „emotionale Intelligenz" in Kap. V. 4). Die soziale Komponente der Intelligenz – wie geschickt geht jemand mit anderen Personen um? – bleibt bei diesen Aufgabentypen ebenfalls unberücksichtigt.

3. Weitere Kritikpunkte

Die Kulturspezifität von Intelligenztests ist nicht der einzige Aspekt, der kritisiert wird. Andere Einwände sollen hier ebenfalls genannt werden.

(1) Status- versus Potentialmessung

Klassische Intelligenztests erfassen zunächst einmal den „status quo" einer Person. Nicht erfaßt wird das Lernpotential einer Person, das aus den rein statischen IQ-Werten nicht ablesbar ist. Der russische Psychologe Lev Vygotskij hat deshalb bereits in den dreißiger Jahren in Abgrenzung vom Selektionsziel der „bürgerlichen" Psychologie gefordert, eine Diagnose der „Entwicklungsmöglichkeiten" vorzunehmen, was für ihn bedeutete, die sogenannte „Zone der nächsten Entwicklung" zu ermitteln. Dazu werden während des Tests Anregungen und Hilfen bezüglich Denk- und Lösungsstrategien gegeben. Man erhofft so, die Fähigkeit zur Leistungssteigerung zu ermitteln.

Der Einsatz dieser als „Lerntests" (dynamic testing) bekannten Verfahren[9] ist insbesondere dann sinnvoll, wenn man annimmt, daß ein Intelligenzstatustest zu einem negativ verzerrten Bild bezüglich der Leistungsfähigkeit eines Schülers führt. Da Lerntests sowohl ihre Aufgaben als auch ihre Validierungsdaten letztlich von herkömmlichen Intelligenztests beziehen, konnten sie keine gänzlich andere Art der Intelligenzdiagnostik begründen.

(2) Soziale Intelligenz

Wie bereits weiter oben erwähnt, beziehen sich gängige Meßverfahren zumeist auf logisch-rationale Fähigkeiten. Bereits
1920 prägte *Edward L. Thorndike* (1874–1949) aber den Begriff der „sozialen Intelligenz", worunter er die Fähigkeit verstand, andere Personen zu verstehen und zu leiten bzw. generell in menschlichen Beziehungen klug zu handeln. Versuche
mit eigenständigen Meßverfahren für soziale Intelligenz zeigten allerdings immer wieder hohe Korrelationen (zum Konzept
der Korrelation siehe Kap. XI. 1) zur verbalen Intelligenz auf
und stellen damit deren Validität (die Frage danach, was ein
Test in Wirklichkeit mißt) in Frage. Aus der Sicht von Guilford, dessen Strukturmodell der Intelligenz im nächsten Kapitel erläutert wird, geht es bei sozialer Intelligenz um intelligente Kommunikationsformen des nichtverbalen Verhaltens.

Dieser Bereich muß daher bis heute aus Sicht der Intelligenzdiagnostik als unterentwickelt eingestuft werden. Allerdings
werden diese Fähigkeiten durchaus im Rahmen von betriebli-
chen Eignungsuntersuchungen (*Assessment Center*) erfaßt, nur
nicht mit psychometrischen Meßverfahren, sondern auf der
Basis von Beobachter-Urteilen, die für viele andere Störquel-
len anfällig sind.[10]

(3) Methodische Einwände

Die methodische Konstruktion von Testskalen, die sich addi-
tiv aus dem Zusammenfassen der Punktwerte einzelner Aufgaben ergeben, beruht auf den Annahmen der sogenannten
klassischen Testtheorie, die davon ausgeht, daß sich ein empirisch gemessener Skalenwert aus zwei nicht beobachtbaren
Komponenten zusammensetzt, nämlich dem „wahren" Wert
und dem Meßfehler. Natürlich kann man mittels statistischer
Verfahren den Meßfehler abschätzen und dann versuchen, ihn
möglichst gering zu halten; genau dies versucht die klassische
Testtheorie, die dabei aber immer mit ihren Schätzwerten von
der untersuchten Population abhängig bleibt. Neuere Ansätze,
die als „probabilistische" Testmodelle bezeichnet werden und
eine populationsunabhängige Eichung und methodenunab-

hängige Messung versprechen, haben allerdings keine grundsätzliche Wende in der Testkonstruktion herbeigeführt.[11]

4. Eine Alternativkonzeption:
Das Bearbeiten komplexer Szenarien

In den siebziger Jahren hat speziell ein Forschungsfeld die Krise der Intelligenzdiagnostik heftig thematisiert: Forschungen zum Umgang von Menschen mit schwierigen Problemen, wie sie vor allem von *Dietrich Dörner*, der heute an der Universität Bamberg lehrt, und seinen Mitarbeitern betrieben wurden.[12]

Dörner kam auf die Idee, komplexe Situationen mit einem Computer zu simulieren und dann zu beobachten, wie naive Personen mit den dort präsentierten Problemstellungen umgehen. Ziel dieser Forschungsrichtung ist es, einen Praxisbezug und mehr Alltagsnähe zu schaffen und gleichzeitig die Schwächen der bisherigen Intelligenzdiagnostik aufzudecken und zu überwinden. Die im Rechner simulierten Problemsituationen weisen eine Reihe von Eigenschaften auf, die sie für die Untersuchung intelligenter Problemlöseprozesse attraktiv erscheinen lassen. Wir gehen auf diese Eigenschaften etwas ausführlicher ein, nachdem wir ein erstes Beispiel vorgestellt haben.

Eine der bekanntesten Simulationen ist die (fiktive, nur im Rechner existente) Kleinstadt *Lohhausen*.[13] In Form eines Computerspiels soll die Versuchsperson die virtuelle Stadt *Lohhausen* als Bürgermeister führen. Lohhausen hat 3372 Einwohner, Haupteinnahmequelle ist eine Uhrenfabrik. Es gibt Gaststätten, Lebensmittelhändler, Textilwaren- und andere Geschäfte sowie eine Bank. Außerdem gibt es – wie in einer richtigen Stadt – eine Schule, Kindergärten, ein Schwimmbad etc. Die Versuchsperson hat in der Rolle des alleinherrschenden Bürgermeisters über einen Zeitraum von zehn Jahren, der auf zehn Stunden im Labor verkürzt wird, für das Wohlergehen der Stadt zu sorgen. Als Bürgermeister kann die Versuchsperson Informationen über die Stadt abrufen (z. B. „Zahl der Arbeitslosen", „Kapitalentwicklung", „Zufriedenheit", „Wohnungssuchende", „Produktion") und Maßnahmen treffen, um die Situation in der Stadt zu verbessern (z. B. Arbeiter einstellen oder entlassen, Wohnungen bauen etc.). Im Unterschied zu realen Bürgermeistern steht allerdings kein Stab an Mitarbeitern und Beratern zur Seite, sondern die spielende Person ist einzig und allein auf sich und ihre Fähigkeiten gestellt. Dafür besitzt sie allerdings eine fast uneingeschränkte Machtfülle und kann die Zinssätze der ortsansässigen Bank ebenso nach Belieben verändern wie die Löhne in der Lohhausener Uhrenfabrik.

Die Komplexität dieses Problems und anderer ähnlicher komplexer Probleme ist durch folgende Eigenschaften des Spiels bedingt: Es gibt eine *Vielzahl von Variablen* (bei Lohhausen über 2 000!), die in einem System miteinander *vernetzt* sind. Die Situation ist *intransparent*: Der Akteur hat nicht alle Informationen, die er für seine Entscheidungen benötigt. Die einzelnen Variablen stehen in *wechselseitiger Abhängigkeit*: Wenn z. B. die Nachfrage nach Uhren sinkt, dann sinkt die Produktion und die Anzahl der Arbeitslosen steigt, was wiederum Auswirkungen auf die Zufriedenheit der Bürger hat. Die Situation hat eine *Eigendynamik*: Auch wenn der Bürgermeister nichts tut, treten Veränderungen ein. Die Situation ist durch *Polytelie* („Vielzieligkeit") charakterisiert: Es gibt nicht nur ein Ziel, sondern mehrere Ziele, die sich unter Umständen sogar widersprechen (z. B. „Zufriedenheit der Bürger erhöhen", „Zahl der Arbeitslosen möglichst gering halten", „Gewinn maximieren").

Es existiert eine Reihe ähnlicher Szenarien, die sich hinsichtlich der Komplexität unterscheiden. So z. B. die *Schneiderwerkstatt*,[14] bei der eine Versuchsperson eine frühkapitalistische Schneiderei zu leiten hat, oder das Szenario *Sinus*,[15] in dem die Versuchsperson in die Rolle eines Forschers schlüpft, der zu erkunden hat, nach welchen Regeln die verschiedenen außerirdischen Lebewesen auf dem fremden Planeten Sinus zusammenleben.

Was kommt heraus, wenn man untrainierte Personen vor derartige Problemsituationen stellt? Nicht nur, daß die meisten dieser „Bürgermeister" kläglich an ihrer Aufgabe scheiterten – die Fachöffentlichkeit reagierte besonders aufgeregt auf einen bestimmten Detailbefund der Lohhausen-Studie: Die Leistungen der „Bürgermeister" waren durch die Ergebnisse gängiger Intelligenztests nicht vorhersagbar. Dörners Schlußfolgerung: Die Modelle, die hinter unseren klassischen Intelligenztests stecken, mögen vielleicht Schulleistungen vorhersagen (an denen die meisten Tests validiert wurden), aber zur Erklärung von Leistungsunterschieden beim Umgang mit komplexen Problemen reichen diese Modelle aus prinzipiellen Gründen nicht aus. Diese Gründe haben mit den speziellen Eigenschaften komplexer Probleme zu tun, von denen eben bereits gesprochen wurde.

Ein prinzipieller Grund für die mangelnde Vorhersageleistung traditioneller Intelligenztests ist etwa das Unterscheidungsmerkmal, daß in komplexen Problemsituationen erst einmal über ein vernünftiges Ziel nachgedacht werden muß (z. B. „Wie kann ich als Bürgermeisterin die Zufriedenheit meiner Bürger erhöhen?"), wohingegen bei einem Intelligenztest das Ziel in Form einer klaren Instruktion für die Aufgabenbearbeitung bereits vorgegeben ist. Das eigenständige Entwickeln und Verfolgen vernünftiger Zielsetzungen wird erst im Rahmen von komplexen Simulationen möglich und erlaubt damit, die aktive Rolle des intelligenten Individuums bei der Gestaltung von Handlungsabläufen zu untersuchen.

Ein weiterer Unterschied: In einer komplexen Situation liegen nicht alle interessierenden Informationen auf einem silbernen Tablett wie bei Intelligenztests, wo der Bearbeiter nur noch den richtigen Schluß ziehen muß. In einer komplexen Situation muß die handelnde Person sich zunächst einmal Informationen beschaffen, die als Entscheidungsgrundlage herangezogen werden. Gerade in einer Gesellschaft, die das Beschaffen und Verarbeiten von Informationen so sehr betont, ist diese Komponente natürlich unverzichtbar, wird aber in klassischen Intelligenztests nicht berücksichtigt.

Ein ganz wesentliches Unterscheidungsmerkmal ist die Tatsache, daß man es bei einem komplexen Problem mit einer zeitlichen Abhängigkeitsstruktur zu tun hat: Was ich *jetzt* entscheide, zieht möglicherweise Konsequenzen nach sich, mit denen ich in der näheren oder ferneren Zukunft konfrontiert werde. Das dadurch notwendige vorausschauende Denken, das wir ja zu einem wichtigen Merkmal intelligenten Handelns zählen, kommt in solchen simulierten Situationen durchaus zur Geltung – in klassischen Intelligenztests taucht dieser Aspekt auch nicht annähernd auf.

Schließlich ist allein die Tatsache, daß es sich um ein *komplexes* Problem handelt, bemerkenswert. Verglichen mit den überschaubaren und einfachen Aufgaben, die den Hintergrund der klassischen Intelligenzmodelle abgeben, sind die im Rahmen der neueren Problemlöseforschung entworfenen komplexen Szenarien von deutlich anderer Anforderung. Allein die Vielzahl beteiligter Größen zwingt die handelnde Person dazu, sich zunächst ein eigenes Bild der Situation zu schaffen, das die Grundlage für weitere Handlungen abgibt. Derartige Prozesse sind bei klassischen Intelligenztests nicht notwendig, da dort auf Prozesse wie Behalten und Schlußfolgern in wesentlich einfacherer Art eingegangen wird.

Angesichts der propagierten Realitätsnähe dieser Szenarien verwundert nicht, daß derartige Verfahren schnell in die Liste von Auswahlinstrumenten im Rahmen von „Assessment Centern" aufgenommen wurden, mit denen heutzutage Firmen ihre Mitarbeiterinnen und Mitarbeiter auswählen und fortbilden. Inzwischen existiert hier ein kaum noch überschaubares Angebot an Simulationen, von denen allerdings die wenigsten einer kritischen testtheoretischen Kontrolle standhalten.[16] Dies bleibt eine Stärke traditioneller Intelligenztests.

Natürlich ist der Einsatz komplexer, simulierter Szenarien kein Allheilmittel für die Untersuchung intelligenten Handelns, zu zahlreich sind auch dabei die Probleme, die hier nicht vertieft werden können. Festzuhalten bleibt aber, daß das dahinterstehende Intelligenzmodell ein umfassenderes Verständnis von intelligentem Handeln aufweist als Tests, die sich im wesentlichen auf Allgemeinbildung und logisches Schlußfolgern beschränken. Über den Zusammenhang zwischen der Fähigkeit von Personen, komplexe Probleme zu bearbeiten, und ihrer Testintelligenz berichten wir ausführlicher in Kap. VIII. 7.

IV. Klassische Intelligenzmodelle

Modelle der Intelligenz sind inzwischen zahlreich formuliert worden. In aller Regel handelt es sich dabei um Vorstellungen, die im Zusammenhang mit der Konstruktion entsprechender Meßverfahren entwickelt wurden.

Auch wenn einige der älteren Modellvorstellungen heute nicht mehr dem Stand der Wissenschaft entsprechen, sollen sie hier aufgezeigt werden, da wir ohne diese Zwischenschritte nicht dort angelangt wären, wo wir heute stehen.

Da in diesem Kapitel das mathematische Konzept der Faktorenanalyse verwendet wird, empfehlen wir Leserinnen und Lesern ohne entsprechende Vorkenntnisse zunächst die Lektüre von Kap. XI. 2. Dort wird das Verfahren der Faktorenanalyse in seinen Grundzügen vorgestellt.

1. Die Ein-Faktor-Konzeption: Intelligenz als globales Konstrukt

Die einfachste Modellvorstellung hinsichtlich der Intelligenz ist die Annahme, daß es sich hierbei um eine ganzheitliche, homogene Fähigkeit handelt. Weitergehende Angaben über die Zusammensetzung oder Struktur dieser Fähigkeit werden nicht gemacht. In Hinblick auf die Messung der Intelligenz bedeutet dies: Bestimmung eines globalen Intelligenzwertes ohne jede weitere Differenzierung.

Diese Ein-Faktor-Konzeption liegt z.B. den Binet-Skalen (vgl. Kap. II. 4) zugrunde, die man mit einem „Stufenleiter-Modell" vergleichen kann: Die untersuchten Kinder können auf der als homogen angesehenen Skala eine entsprechende Stufe erreichen, die dann mit dem chronologischen Alter der Kinder verglichen werden kann. Weitergehende Aussagen sind in diesem Modell jedoch nicht möglich.

2. Die Zwei-Faktoren-Theorie der Intelligenz

Von *Charles Spearman* (1863–1945) ist im Jahre 1904 die einflußreiche Zwei-Faktoren-Theorie der Intelligenz aufgestellt worden,[1] die schon eine differenziertere Betrachtung möglich macht. Neben einem Generalfaktor (analog zu Binet) werden dort zusätzliche Spezialfaktoren postuliert, die für die nicht durch den Generalfaktor aufgeklärten Restvarianzen verantwortlich gemacht werden.

Spearman, der in Leipzig bei Wundt studiert hatte, führte zusammen mit *Felix Krueger*[2] die Korrelationsrechnung in die Psychologie ein. Diese dient der mathematischen Bestimmung des Zusammenhangs von z.B. zwei Tests. Durch Anwendung der Korrelationsrechnung (siehe dazu Kap. XI. 1) versuchte Krueger die schon 1904 vorgebrachte Hypothese zu belegen, wonach es einen allgemeinen Intelligenzfaktor gibt und daneben eine Gruppe spezieller Fähigkeiten, die von diesem allgemeinen Faktor und untereinander relativ unabhängig variieren können. Spearman stellte fest, daß, wenn zwei unterschiedliche Tests zur Messung geistiger Fähigkeiten einer großen Gruppe von Versuchspersonen vorgelegt werden, die Korrelation zwischen diesen Tests nahezu immer positiv war. Daraus schloß er, daß durch diese beiden Tests keine unabhängigen Merkmale der Intelligenz gemessen wurden, sonst müßten sie unkorreliert sein. Seine Vorstellung war, daß allen Intelligenztestaufgaben ein gemeinsamer Faktor (abgekürzt „g" für „generell") zugrunde liegt, der tatsächlich so etwas wie allgemeine Intelligenz bedeutet. Dazu kommen dann die Einflüsse spezifischer Faktoren (abgekürzt „s" für „spezifisch"), die jeweils nur für ganz spezielle Bereiche Gültigkeit haben. Da der Faktor „g" einen zentralen Bestandteil aller Intelligenzleistungen darstelle, sei er somit die beste Schätzung für das intellektuelle Niveau eines Menschen. Abb. 5 zeigt eine grafische Veranschaulichung dieser Modellvorstellungen.

Wie man aus dieser Abbildung entnehmen kann, sind die spezifischen Fähigkeiten und der g-Anteil jeweils unterschiedlich stark ausgeprägt. Außerdem können spezifische Fähig-

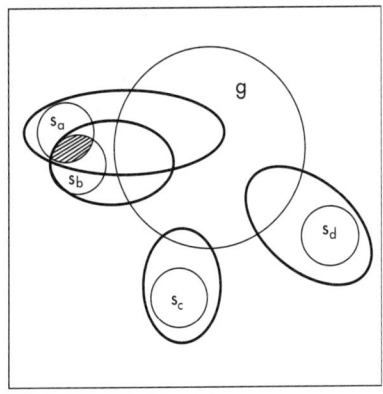

Abb. 5: Zwei-Faktoren-Theorie der Intelligenz:
Neben dem gemeinsamen Faktor g
sind noch spezifische Faktoren a, b, c und d beteiligt.

keiten untereinander korreliert sein, was durch die Annahme sogenannter „Gruppenfaktoren" (wie Sprachverständnis, Raumvorstellung etc.) erklärt wurde.

Für die Konstruktion von Meßinstrumenten impliziert dieses Modell, möglichst Skalen mit hoher Ladung auf dem g-Faktor auszuwählen. Die Matrizentests von Raven folgen diesem Prinzip.

Zum Nachweis seines Generalfaktors bediente sich Spearman zunächst der Korrelationsrechnung und später – wie viele andere Intelligenzforscher nach ihm – der Faktorenanalyse als methodischem Instrument (mehr dazu in Kap. XI. 2). Nach seinen Untersuchungen laden alle Tests in substantieller Weise auf einem einzigen Faktor. Die durch das Zwei-Faktoren-Modell implizierte Proportionalitätsannahme, wonach für jede beliebige Kombination von vier Tests a, b, c und d die Korrelation ac zu bc im gleichen Verhältnis wie ad zu bd stehen sollte, war allerdings empirisch kaum zu halten.[3] Daher verwundert es nicht, daß alsbald andere Modellvorstellungen entwickelt wurden.

3. Das Konzept mehrerer gemeinsamer Faktoren

Der von Spearman postulierten Zwei-Faktoren-Theorie der Intelligenz stellte *Louis Leon Thurstone* (1887–1955) aus Chicago im Jahre 1938 seine Theorie mehrerer gemeinsamer Faktoren gegenüber (auch „multiples Faktorenmodell" oder „Primärfaktorenmodell" genannt).

Dieses Modell beruhte auf der Beobachtung, daß nach Extraktion eines g-Faktors noch immer substantielle Varianz in den Daten steckte, die es zu erklären galt. Thurstone schlug daher vor, anstelle eines einzigen g-Faktors mehrere verschiedene, voneinander unabhängige Faktoren anzunehmen. Abb. 6 zeigt eine solche Modellvorstellung an einem hypothetischen Beispiel.

Wie aus dieser Abbildung hervorgeht, liegen verschiedenen Testskalen (a, b und c in Abb. 6) jeweils unterschiedliche Faktoren zugrunde. An einer Testskala können auch durchaus zwei oder mehr Faktoren (in unterschiedlichem Ausmaß) beteiligt sein. Bei der Konstruktion von Testverfahren sollte allerdings eine Testskala möglichst nur auf einem Faktor hoch laden, auf allen übrigen dagegen unbedeutende Ladungen erzielen.

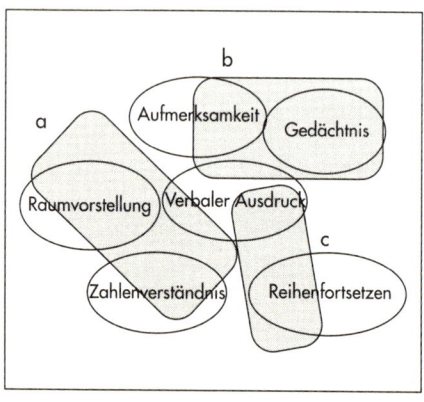

Abb. 6: Modell mehrerer gemeinsamer Faktoren.

Aus praktischer Sicht besaß die Konzeption von Thurstone einen nicht zu unterschätzenden Vorteil: Intelligentes Verhalten ergibt sich in diesem Ansatz aus dem Zusammenwirken mehrerer, voneinander unabhängiger Faktoren – dadurch war eine differenziertere Beschreibung der Leistungsfähigkeit einzelner Personen möglich, als sie im Rahmen der klassischen Zwei-Faktoren-Theorie erfolgen konnte.

Die von Thurstone postulierten sieben Primärfähigkeiten, die auch von unabhängigen Forschern bestätigt wurden, sind im einzelnen: (1) verbales Verständnis, Erfassen von Wortbedeutungen; (2) Wortflüssigkeit, Leichtigkeit der Wortfindung; (3) schlußfolgerndes Denken und die Fähigkeit, Regeln aufzufinden; (4) räumliches Vorstellungsvermögen; (5) Merkfähigkeit, Kurzzeitgedächtnis; (6) Rechenfähigkeit; (7) Wahrnehmungs- und Auffassungsgeschwindigkeit. Das von Thurstone vorgeschlagene Modell hat seinen Niederschlag z. B. im *Leistungsprüfsystem* wie auch im *Wilde-Intelligenztest* gefunden, die im vorangehenden Kapitel genannt wurden.

Bei der Diskussion zwischen dem Briten Spearman und dem Amerikaner Thurstone – die Nationalitäten werden hier erwähnt, weil diese beiden Vertreter eine amerikanische bzw. britische Tradition begründeten – spiegeln sich natürlich auch Effekte der untersuchten Stichproben wieder: Während Spearman an einer unselektierten Stichprobe mit vermutlich starker Schwankungsbreite in der intellektuellen Leistung Hinweise auf den Einfluß eines Generalfaktors fand, ist Thurstones Aufmerksamkeit durch eine stark vorausgewählte Stichprobe von Studierenden eher auf die spezifischen Merkmale gelenkt worden, durch die sich Personen auf vergleichbarem intellektuellen Niveau voneinander unterscheiden lassen. Aus diesem Blickwinkel heraus erscheinen die Unterschiede zwischen den beiden Modellvorstellungen als weniger bedeutsam und vor allem nicht in direktem Widerspruch zueinander stehend.

4. Die Theorie der fluiden und kristallinen Intelligenz

Von *Raymond B. Cattell*, einem Schüler von Spearman, ist dessen Zwei-Faktoren-Theorie aufgegriffen und modifiziert worden. In seiner Theorie der fluiden und kristallinen Intelligenz von 1957 geht Cattell von der Wirkung zweier voneinander abhängiger Faktoren „zweiter Ordnung" aus, die er Gf- und Gc-Faktor nennt („f" für „fluid", „c" für „crystallized"; das G steht für die Generalität dieser Faktoren). Faktoren zweiter Ordnung heißen diese beide Komponenten deswegen, weil sie auf einer Faktorenanalyse von Meßwerten beruhen, die ihrerseits das Ergebnis einer Faktorenanalyse erster Ordnung darstellen (zum Konzept der Faktorenanalyse vergleiche Kap. XI. 2). Es handelt sich also um unabhängige Faktoren, die auf der Basis von untereinander abhängigen Faktoren gebildet wurden.

Während die fluide Intelligenz Gf eine vom individuellen Lernschicksal unabhängige Komponente darstellt, die auf der vererbten Funktionstüchtigkeit der hirnphysiologischen Prozesse basiert, ist die kristalline Intelligenz Gc als umweltbedingte Komponente charakterisiert, die im wesentlichen auf den Lernerfahrungen des Individuums beruht.

Tab. 3: Zuordnung gängiger Intelligenztestskalen zu den Bereichen der fluiden bzw. kristallinen Intelligenz nach Horn (1968).[4]

Testskala	fluid	kristallin
Figurale Beziehungen	++	0
Gedächtnisspanne	++	0
Induktives Schließen	+	0
Allgemeines Problemlösen	+	+
Semantische Beziehungen	+	+
Formales Denken	+	+
Umgang mit Zahlen	0	0
Bewertung von Erfahrung	0	+
Verbales Verständnis	0	++

Anmerkung: Die Werte sind aus der Arbeit von Horn (1968) entnommen und zeigen die Faktorladungen zu den beiden Generalfaktoren. ++: Ladung ≥ 0.50, +: ≥ 0.30 und < 0.50, 0: < 0.30.

Tab. 3 zeigt, welche der gängigen Intelligenztestskalen fluide bzw. kristalline Intelligenz erfassen.

Ein Test, der diesem Intelligenzmodell folgt, ist der *Grundintelligenztest CFT*, der insbesondere im Rahmen schulischer Fragestellungen Verwendung findet.

Paul Baltes vom Max-Planck-Institut für Bildungsforschung in Berlin und seine Mitarbeiter unterscheiden in ihren Arbeiten in Anlehnung an das Modell der fluiden und kristallinen Intelligenz von Cattell zwischen einer wissensgebundenen „Pragmatik" der Intelligenz und ihrer weitgehend wissensfreien „Mechanik". Während die *Mechanik* in gewisser Weise mit der Hardware zusammenhängt (und damit auch Alterungsprozessen unterliegt, vgl. Kap. VII. 3) und die Basisprozesse der Informationsverarbeitung umfaßt, die genetische Unterschiede zwischen verschiedenen Menschen aufweist und im wesentlichen als universell und inhaltsfrei angesehen wird, geht es bei der *Pragmatik* um faktisches wie prozedurales Wissen (Faktenwissen: Palma ist die Hauptstadt von Mallorca; prozedurales Wissen: die Fertigkeit des Fahrradfahrens). Letztere Intelligenzkomponente ist inhaltsreich, kulturgebunden und weist erfahrungsbedingte Unterschiede zwischen Personen auf.

5. Das Würfelmodell der Intelligenz

Das 1959 publizierte Würfelmodell der Intelligenz von *J. P. Guilford* entstammt nicht der Suche nach einem Generalfaktor oder nach mehreren Primärfähigkeiten, sondern geht explizit von einer großen Vielfalt unabhängiger Einzelfaktoren aus. Eine der Ausgangsbeobachtungen von Guilford war die Tatsache, daß rund ein Viertel der in zahlreichen Studien publizierten Korrelationen zwischen Intelligenztests sich nicht bedeutsam von Null unterschieden – ein Hinweis für Guilford, daß keine generellen Faktoren im Spiel sind, sondern eigenständige Komponenten, die untereinander kaum oder gar nicht korrelieren. Würfelmodell heißt sein Modell deswegen, weil es drei „Gesichter" der Intelligenz unterscheidet, die jeweils eine der drei Dimensionen eines Würfels aufspannen: (1) die intellektuellen Operationen (Erkenntnis, Gedächtnis, Bewertung, konvergente Produktion, divergente Produktion), (2) deren Inhalte (figural, symbolisch, semantisch, Verhalten) und (3) die Produkte intelligenten Verhaltens (Einheit, Klasse, Relation, System, Transformation, Implikation). Insgesamt 120 Würfelzellen entstehen aus der Kombination von fünf Operationsklassen mal vier Inhaltsklassen mal sechs Produktklassen. Von diesen 120 Zellen hielt Guilford 1971 bereits 98 Faktoren für identifiziert. Abb. 7 zeigt den so unterteilten Würfel.

In einer neueren Version ist der Würfel sogar auf 150 Zellen ausgedehnt worden, indem die Kategorie „figuraler Inhalt" in die Kategorien „auditiver Inhalt" und „visueller Inhalt" aufgespalten wurde.

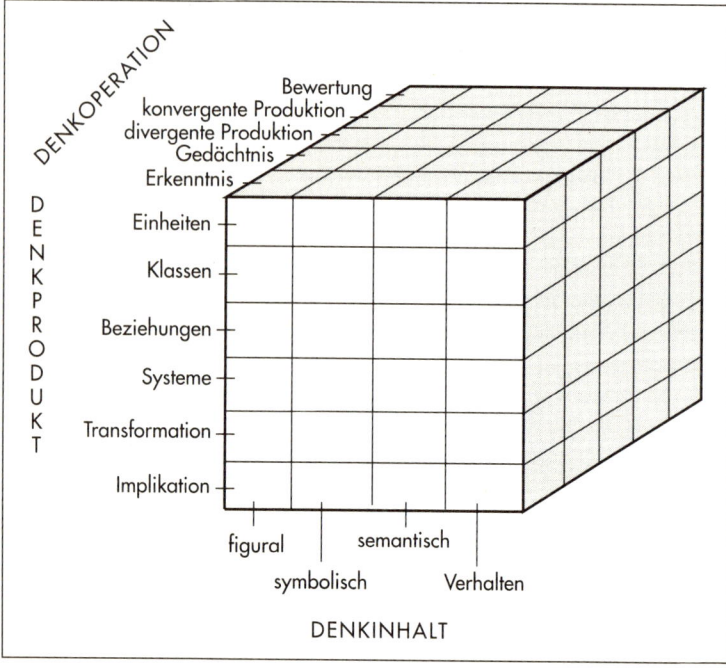

Abb. 7: Würfelmodell der Intelligenz nach Guilford.

Das durch den Würfel repräsentierte Ordnungssystem entstammt nicht etwa einer Faktorenanalyse, sondern wurde auf intuitiv-logischem Wege bestimmt und unterscheidet sich damit fundamental von den faktorenanalytisch gewonnenen Intelligenzmodellen. Bereits bestehende Testskalen wie z.B. „Wortverständnis" oder „Bilderordnen" lassen sich den einzelnen Waben des Würfels zuordnen; die genannten Beispiele passen zu den Zellen „Erkenntnis – semantisch – Einheit" bzw. „Bewertung – figural – Relation".

So interessant dieser Versuch einer systematischen Beschreibung der „Struktur der Intelligenz", wie Guilford seinen Ansatz benennt, auch auf den ersten Blick erscheint, so problematisch wird dieses Konzept bei näherem Hinsehen. Sind dies wirklich alles empirisch belegte Faktoren? Stehen alle diese Faktoren gleichgewichtig nebeneinander? Sind alle gleichermaßen relevant und nützlich? Sicherlich hat dieses Modell viele Erkenntnisse über Einzelfunktionen geliefert, zum tieferen Verständnis des Konstrukts „Intelligenz" gehört jedoch mehr. Kritiker haben eine gewisse Künstlichkeit und realitätsferne Aufsplitterung der Komponenten moniert. Auch die empirische Absicherung des Strukturmodells weist Schwächen auf: viele Einzelfaktoren sind entweder gar nicht oder nur als hochkorrelierender Bestandteil umfassenderer Faktoren nachweisbar gewesen. Eine standardisierte Testbatterie zur Erfassung der verschiedenen Komponenten fehlt bis heute.

6. Probleme der faktorenanalytischen Intelligenzmodelle

Die Entwicklung des Instrumentariums der Faktorenanalyse als ein Verfahren zur Reduktion vieler einzelner Variablen auf einige wenige zugrunde liegende (latente) Faktoren hat einen enormen Aufschwung der psychologischen Methodenlehre seit den dreißiger Jahren dieses Jahrhunderts bewirkt. Anstelle einer philosophisch orientierten Vermögenspsychologie, die auf spekulativer Basis die Existenz verschiedener Fähigkeiten postulierte, ist hier ein empirisch begründeter Zugang zur Analyse elementarer Faktoren (auf der Grundlage von Korrelationen zwischen verschiedenen Aufgaben) bereitgestellt worden. „Faktoren" sind klar als mathematische Konstruktionen ausgewiesen, die die Komplexität beobachtbarer Variablen auf einen harten Kern kondensieren – allerdings darf man nicht der Gefahr erliegen, diese mathematischen Konstrukte als Realitäten anzusehen.

Das Programm der Faktorenanalytiker – Beschreibung der Vielfältigkeit von Kriteriumsvariablen durch eine Handvoll elementarer Fähigkeiten, die aus Faktorenanalysen abgeleitet werden; Konstruktion „faktor-reiner" Testverfahren, die jeweils zur Messung dieser elementaren Fähigkeiten herangezogen werden können – klingt reizvoll. Unglücklicherweise ist es zum großen Teil nur Programm geblieben. Zum einen ist die Liste der elementaren Faktoren in den vergangenen fünfzig Jahren immer länger und differenzierter geworden, ähnlich wie in der Teilchenphysik, wo Partikel immer weiter aufgespalten wurden – nur ist uns bis heute nicht klar, was die kleinsten Teilchen unserer Intelligenz sein sollen. Zum anderen ist der ursprünglich erwartete Nutzen durch eine derartig differenzierte Erfassung bis heute ausgeblieben. Ganz im Gegenteil: Die Zweifel an der Brauchbarkeit klassischer Intelligenzkonzeptionen für praktische Nutzanwendungen wie z. B. zur Vorhersage von Berufserfolg oder von Fähigkeiten beim Umgang mit schwierigen Entscheidungssituationen sind eher noch gewachsen.

V. Moderne Intelligenzkonzeptionen

Im folgenden werden drei neuere Intelligenzkonzeptionen vorgestellt, die sich nicht wie die zuletzt erläuterten Modelle primär auf die Ergebnisse von Faktorenanalysen beziehen: (1) Eysencks Konzept der Intelligenz, (2) die Intelligenztriade von Sternberg und (3) die Konzeption der sechs „Intelligenzen" von Gardner. Außerdem erörtern wir dann noch (4) das Konzept der sogenannten emotionalen Intelligenz.

1. Eysencks Konzept der Intelligenz

Der in England tätige Psychologieprofessor *Hans-Jürgen Eysenck* unterscheidet drei grundsätzliche Arten von Intelligenz: *biologische*, *psychometrische* und *soziale* Intelligenz (siehe Abb. 8). Diese grundlegenden Funktionen sollen auch für individuelle Unterschiede verantwortlich sein, wobei die Vererbung eine Rolle spielt.

Die *biologische Intelligenz* hält er für grundlegend in dem Sinne, daß physiologische, biochemische, neuronale und hormonelle Prozesse für intelligentes Verhalten erforderlich sind. Möglichkeiten zur direkten Messung der biologischen Funktionen sieht Eysenck z.B. in der Elektroencephalographie (EEG), der Messung der Hautleitfähigkeit (PGR) oder der Bestimmung von Reaktionszeiten (RZ).

Die *psychometrische Intelligenz* wird mit Intelligenztests erfaßt. Sie wird vorwiegend durch die biologische Intelligenz beeinflußt. Zudem spielen kulturelle Faktoren, Familie, Erziehung und sozioökonomischer Status eine wichtige Rolle.

Die *soziale Intelligenz* bezieht sich darauf, wie gut eine Person mit ihren Mitmenschen zurechtkommt. Sie wird einerseits durch die psychometrische Intelligenz, andererseits aber auch durch eine große Zahl anderer Faktoren wie z.B. Persönlichkeit, Erfahrung oder Motivation beeinflußt.

Eysenck vertritt die umstrittene Ansicht, daß Intelligenzunterschiede hauptsächlich biologische Ursachen haben.[1] Seine

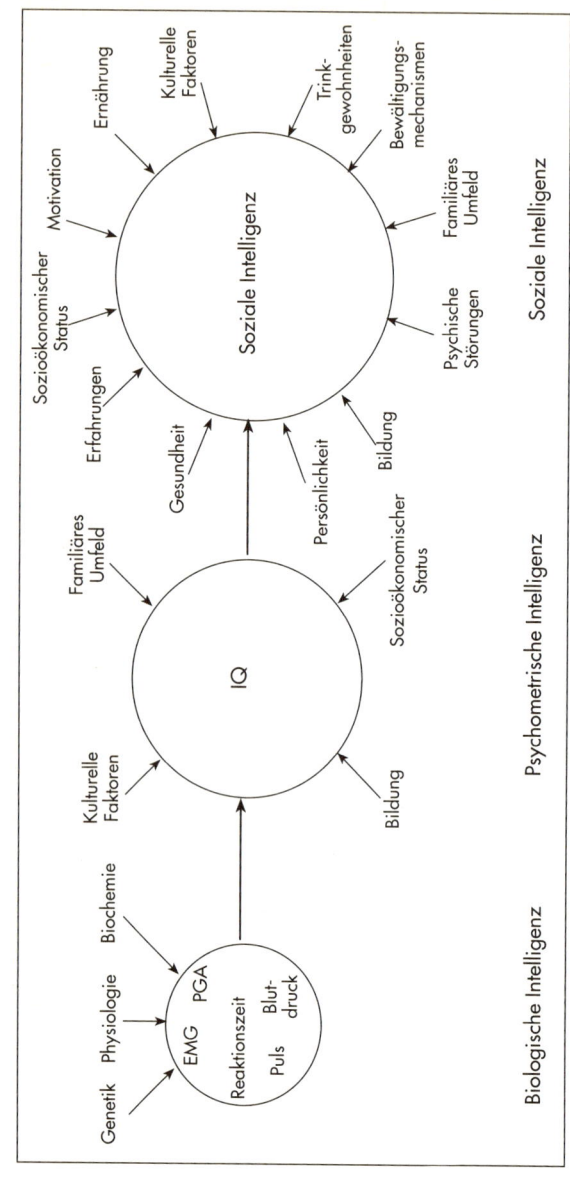

Abb. 8: Beziehung zwischen biologischer, psychometrischer und sozialer Intelligenz (nach Eysenck, 1986).[2]

Auffassung sieht er durch hirnphysiologische Befunde bestätigt. So scheinen spezielle Muster elektrokortikaler Aktivität, wie sie z. B. mit dem EEG meßbar sind, oder die Geschwindigkeit, mit der neuronale Impulse weitergeleitet werden, mit der Höhe des Intelligenzquotienten in Beziehung zu stehen.

2. Sternbergs Intelligenztriade

Der amerikanische Psychologe *Robert Sternberg*[3] versteht unter Intelligenz die Fähigkeit, aus Erfahrung zu lernen und sich an die Umgebung anzupassen. Seine Intelligenztheorie integriert drei Aspekte der Intelligenz. Erstens geht es um das Verhältnis der Intelligenz zur internen Welt, d. h. zu den Ressourcen und Kapazitäten eines Individuums. Betrachtet werden hier die Komponenten, die zur Informationsverarbeitung erforderlich sind (Komponentensubtheorie). Zweitens geht es um das Verhältnis von Intelligenz und Erfahrung (Zwei-Facetten-Subtheorie) und drittens um das Verhältnis der Intelligenz zur externen Welt (Kontextsubtheorie).

Im Zentrum der *Komponentensubtheorie* stehen die einzelnen Komponenten, die bei der Verarbeitung von Informationen von Bedeutung sind. Es geht um Fragen wie: „Welche geistigen Operationen sind für die Lösung von Problemen erforderlich?" oder „Wodurch sind wir in der Lage, Wissen zu erwerben?". Sternberg unterscheidet drei wesentliche Komponenten: (1) Metakomponenten: ausführende Prozesse, die bei der Planung, Überwachung und Bewertung von Problemlösungen erforderlich sind (z. B. Prüfung, ob das Lösungsziel schon erreicht ist). (2) Performanz-Komponenten: untergeordnete Prozesse, die die Anweisungen der Metakomponenten ausführen (z. B. Ermittlung des Abstands zwischen Ist- und Sollzustand). (3) Wissenserwerbskomponenten: Prozesse, die Lernen und Wissenserwerb steuern (z. B. Einprägen eines gewünschten Zielzustandes).

Alle Komponenten setzen sich aus verschiedenen Prozessen zusammen. Beispielsweise umfaßt die Komponente des Wissenserwerbs die Prozesse der selektiven Informationsaufnahme, der Kombination und des Vergleichs von Informationen: Will man etwas Neues lernen, so muß man zuerst wichtige von unwichtigen Informationen unterscheiden, dann die ausgewählten Informationen mit dem vorhandenen Wissen vergleichen und korrekt in diese Wissensbasis einordnen. Die Komponenten gelten als elementare Informationsverarbeitungsprozesse, die kulturübergreifend wirksam sind. Jede Person verfügt in unterschiedlichem Ausmaß über diese Komponenten, und Intelligenztests enthalten Aufgaben, die diese Unterschiede erfassen.

Die *Zwei-Facetten-Subtheorie* bezieht sich darauf, wie die Erfahrung mit den drei eben genannten Komponenten zusammenwirkt. Zum einen soll Intelligenz die Fähigkeit darstellen, mit neuartigen Anforderungen umzugehen, und zum anderen die Fähigkeit, die Verarbeitung von Informationen zu automatisieren. Neuartigkeit und Automatisierung sind dabei zwei Punkte am Anfang und Ende eines Kontinuums. Lesen, Schreiben oder Autofahren sind bei den meisten erwachsenen Menschen der westlichen Kultur automatisierte Prozesse, die wenig Aufmerksamkeit erfordern. Zu Beginn waren diese Prozesse jedoch neu zu erlernen: Das Lesen eines Schulanfängers ist noch nicht automatisiert. Das Kind muß Buchstabe für Buchstabe entziffern. Dabei fordert dieser Prozeß zunächst so viel Aufmerksamkeit, daß der Inhalt nicht mehr verstanden wird. Mit fortschreitender Übung entwickeln sich aus diesen kontrollierten Verarbeitungsmechanismen dann Prozesse, die automatisch ablaufen und das Verstehen des Inhalts ermöglichen.

Folgender Zusammenhang soll zwischen der Fähigkeit, mit neuen Problemen umzugehen, und der Automatisierung eines Handlungsablaufes bestehen: Nehmen wir an, zwei Personen mit gleicher Erfahrung würden mit einem neuen Problem konfrontiert. Jene Person soll als intelligenter gelten, die dieses Problem schneller löst. Je schneller die Anpassung an die neue Situation gelingt, desto mehr Kapazitäten sind für die Automatisierung frei. Neuartigkeit und Automatisierung hängen demnach wechselseitig zusammen. Eine höhere Effizienz des

Individuums in einem der beiden Bereiche läßt um so mehr Kapazitäten für den anderen übrig. Ein sinnvolles Instrument zur Intelligenzmessung muß daher einerseits die Fähigkeit zur Automatisierung und andererseits die Fähigkeit zur Lösung neuartiger Probleme erfassen.

Die *Kontextsubtheorie* besagt, daß die Intelligenz immer im kulturellen Kontext betrachtet werden muß. Sie versucht zu klären, wie Personen ihre Umwelt beeinflussen, wie sie sich unterschiedlichen Umgebungen anpassen und wie sie sich neue Umwelten schaffen. Es geht hier um die Bewältigung der praktischen Dinge des Alltags und um eine Form von „sozialer" Intelligenz. Aus dieser Perspektive können Personen, die in der einen Kultur als intelligent bezeichnet werden, in einer anderen Kultur durchaus als dumm erscheinen. Man braucht sich nicht einmal auf die Ebene unterschiedlicher Kulturen zu begeben, um zu verstehen, daß intelligentes Handeln immer im Hinblick auf das entsprechende Umfeld betrachtet werden muß. Die Ziele, die die Mitglieder der einen sozialen Gruppierung verfolgen und worauf sie ihr Handeln ausrichten (z. B. der Chef eines Konzerns), müssen nicht identisch mit den Zielen einer anderen Gruppierung derselben Kultur (z. B. die Arbeitnehmer des Konzerns) sein. Daher können Vergleiche zwischen verschiedenen kulturellen Gruppen oder zwischen Mitgliedern unterschiedlicher sozioökonomischer Schichten nicht allein auf der Basis traditioneller Intelligenztestwerte erfolgen.

An Kontexttheorien wird oft kritisiert, daß sie alles relativierten, und man prinzipiell ebenso viele Intelligenztheorien benötige wie es Kulturen oder Kontexte gäbe. Dieser Vorwurf trifft auf die Theorie Sternbergs nicht zu, da sie in den beiden anderen Subtheorien auch generelle Aspekte der menschlichen Intelligenz berücksichtigt.

3. Modell der sechs „Intelligenzen" von Gardner

Während Sternberg eher betont, wie verschiedene Intelligenzen zusammenwirken, postuliert der Amerikaner *Howard*

Gardner die Eigenständigkeit verschiedener Intelligenzformen. In seinem 1983 erschienenen Buch „Frames of Mind" spricht er von sechs verschiedenen Intelligenzen.[4] Neben der (1) sprachlichen, der (2) logisch-mathematischen und der (3) räumlichen Intelligenz, die auch andere Forscher als wesentlich betrachten, umfaßt Gardners Konzeption drei weitere eigenständige „Intelligenzen": die (4) musikalische, die (5) motorische und die (6) personale Intelligenz.

Wir wollen zunächst klären, bei welchen Aufgaben die verschiedenen Intelligenzen erforderlich sind:

(1) *Sprachliche Intelligenz* spiegelt sich in Aufgaben wider, die Sprachverstehen, Schreiben, Reden und Lesen erfordern.

(2) *Logisch-mathematische Intelligenz* wird beim Lösen mathematischer Probleme, beim logischen Schließen oder beim Führen mathematischer Beweise gefordert.

(3) *Räumliche Intelligenz* ist beispielsweise beim Lesen einer Landkarte notwendig oder dann, wenn viele Gepäckstücke möglichst geschickt und platzsparend in den Kofferraum eines Autos gepackt werden sollen. Es geht hier um das räumliche Vorstellungsvermögen.

(4) *Musikalische Intelligenz* ist z. B. bei der Komposition einer Sonate oder beim Spielen eines Instrumentes erforderlich. Gardner ist der Meinung, daß der musikalischen Intelligenz eine größere Bedeutung beigemessen werden muß als der logisch-mathematischen, da das logisch-naturwissenschaftliche Denken nichts anderes sei als eine Erfindung der westlichen Welt aus dem Zeitalter der beginnenden Renaissance, eine Erfindung, an der weltweit auch heute nur eine geringe Zahl von Denkern teilhabe. Umgekehrt seien Literatur, Musik und die darstellende Kunst seit Tausenden von Jahren weit verbreitet.

(5) Unter *motorischer Intelligenz* versteht Gardner die Kontrolle der Körperbewegungen und die Geschicklichkeit in der Handhabung von Gegenständen. Gute Tänzer und Sportler verfügen über hohe motorische Intelligenz.

(6) Die *personale Intelligenz* bezieht sich auf die Fähigkeit, mit anderen Menschen umzugehen. Hier unterscheidet

Gardner zwischen intra- und interpersonalen Fähigkeiten. Intrapersonale Intelligenz meint die Fähigkeit einer Person, ihre eigenen Gefühle zu erkennen und zum Verständnis ihres eigenen Verhaltens zu nutzen. Interpersonale Intelligenz ist die Fähigkeit, Stimmungen, Motivationen, Absichten und Wesensunterschiede bei anderen Personen zu erkennen.

Wie kommt Gardner eigentlich dazu, gerade diese Fähigkeiten als eigenständige Intelligenzen zu betrachten? Seiner Ansicht nach kann eine Fähigkeit dann als eigenständige „Intelligenz" aufgefaßt werden, wenn sie einige der sieben folgenden Kennzeichen aufweist:

(1) Die intellektuelle Fähigkeit sollte in einer bestimmten Hirnregion lokalisierbar sein. Beispielsweise sollte die Schädigung eines bestimmten Areals zum Verlust der in Frage stehenden intellektuellen Fähigkeit führen, während andere Fertigkeiten noch intakt bleiben. Wenn z.B. durch eine Kopfverletzung die Fähigkeit zum mathematisch-logischen Denken verloren gegangen ist, aber alle anderen intellektuellen Fertigkeiten, z.B. die Sprache oder das räumliche Vorstellungsvermögen, noch intakt sind, dann ist dies ein Hinweis auf die Autonomie der mathematisch-logischen Intelligenz. Ebenso führen spezielle Gehirnschädigungen zur Bewegungsbeeinträchtigung, während alle anderen intellektuellen Funktionen weiterhin erhalten bleiben, was auf eine Eigenständigkeit der motorischen Intelligenz deutet.

(2) Es sollte Personen mit einer außergewöhnlichen Spezialbegabung auf diesem bestimmten intellektuellen Gebiet geben (z.B. Musik- oder Mathematikgenies), die in anderen Bereichen nur durchschnittlich oder sogar unterdurchschnittlich begabt sind. So sind „Idiot-Savants" Personen, die über eine außergewöhnliche Begabung auf einem Gebiet verfügen, z.B. in der Musik oder im Rechnen, ansonsten jedoch geistig zurückgeblieben sind (siehe auch Kap. VIII. 6). Ebenso gibt es Personen, bei denen speziell die Bewegungsintelligenz hoch entwickelt ist. Hierzu gehö-

ren nicht nur Sportler, sondern auch Tänzer oder Schauspieler, die die Fähigkeit zur exakten Beobachtung sowie zur detaillierten und flüssigen Darstellung von Szenen besitzen müssen.

(3) Die jeweilige intellektuelle Fähigkeit sollte eine abgrenzbare Entwicklungsgeschichte aufweisen, die bei allen Menschen einen identischen Ablauf aufweist. Beispielsweise entwickelt sich die Bewegungsintelligenz in einer Reihenfolge, die bei allen Menschen gleich ist. Man beobachtet bei allen Kindern folgende Sequenz von Bewegungen, die mit etwa einem Jahr schließlich zum „Laufen" führt: liegen, robben, krabbeln, laufen. Auch der Erwerb der Sprache als Grundlage der sprachlichen Intelligenz erfolgt nach festen Regeln.

(4) Ebenso kann ein spezielles Entwicklungsmuster im Verlauf der Evolution auf eine autonome Intelligenz hindeuten, wobei die Entwicklung dieser Intelligenz mit einer besseren Anpassung an die Umwelt einhergehen sollte. So kann z. B. vermutet werden, daß die Fähigkeit zur räumlichen Orientierung in der Evolution mit dem Beginn des aufrechten Gehens zusammenfällt und ein besseres Überleben in der Steppe und Savanne ermöglichte.

(5) Wenn eine Intelligenz eigenständig ist, dann sollte es einzelne geistige Operationen oder einen Satz von Operationen geben, die wesentlich für diese spezielle Intelligenz sind (z. B. die Fähigkeit zur Entdeckung von Verwandtschaftsbeziehungen bei verschiedenen Klangfolgen).

(6) Die Selbständigkeit einer Intelligenz sollte mit geeigneten Experimenten empirisch nachweisbar sein. Für den Bereich der räumlichen Intelligenz ist dies z. B. durch eindrucksvolle Experimente zur „mentalen Rotation" von Shephard und Metzler (vgl. Kap. VIII. 5 und Abb. 10) demonstriert worden.

(7) Die in Frage stehende Intelligenz sollte dafür prädestiniert sein, in ein Symbolsystem (Sprache, Mathematik, Noten) oder in einen kulturellen Rahmen (Theater, Sport, Tanz) integriert zu werden.

Die dargestellten sechs Intelligenzen erfüllen nach Gardners Ansicht die meisten dieser Kriterien.

4. Emotionale Intelligenz

In einem publizistisch gut vermarkteten Buch hat *Daniel Goleman* 1995[5] die These von der Mißachtung der sogenannten emotionalen Intelligenz aufgestellt, die in den klassischen Intelligenzmodellen einfach nicht erfaßt sei. Der von Goleman vertretene Ansatz der „Emotionalen Intelligenz" rückt die Emotionen in den Mittelpunkt der für das Leben notwendigen Fähigkeiten. Zu dieser „Intelligenz der Gefühle" gehört eine Reihe von Fähigkeiten (nach Goleman, dt. Übersetzung von 1996, S. 54): sich selbst motivieren und auch bei Enttäuschungen weitermachen; Impulse unterdrücken und Belohnungen hinausschieben; eigene Stimmungen regulieren und verhindern, daß Trübsal einem die Denkfähigkeit raubt; sich in andere Personen hineinversetzen und hoffen.

Nach Ansicht von *Peter Salovey* und *John Mayer*,[6] die 1990 den Begriff der „Emotionalen Intelligenz" geprägt haben und auf deren Arbeiten Goleman aufbaut, läßt sich dieses Konzept in fünf Bereiche gliedern:

(1) Kenntnis der eigenen Emotionen. Die Selbstwahrnehmung der eigenen Gefühle ist die Grundlage der emotionalen Intelligenz. Hierzu zählt die laufende Beobachtung der eigenen Emotionszustände und damit die Möglichkeit, sensibel auf Veränderungen dieser Zustände zu reagieren.

(2) Emotionen handhaben. Sind die eigenen Emotionen der Person zugänglich, kommt es nunmehr auf den richtigen Umgang mit ihnen an. Kommen z.B. Angst, Schwermut oder Gereiztheit auf, sollte man diese Emotionen möglichst abschütteln können. Gefühle sollen nach dieser Konzeption beherrscht werden.

(3) Emotionen in die Tat umsetzen. Dieser Teilaspekt betrifft die Fähigkeit, bestimmte Emotionen (z.B. ein „Flow"-Erlebnis[7]) produktiv in erfolgreiche Handlungen umzusetzen.

(4) Empathie. Neben der Selbstwahrnehmung von Emotionen geht es hier vor allem um die Wahrnehmung von Emotionen anderer Personen. Diese bildet die Grundlage der sogenannten Menschenkenntnis. Empathische Personen können versteckte Signale, die Aufschluß über die Emotionen ihrer Mitmenschen geben, gut erkennen und darauf reagieren.

(5) Umgang mit Beziehungen. Gute Beziehungen zu haben, das bedeutet in dieser Konzeption, gut mit den Emotionen anderer Personen umzugehen. Wer dies gut kann, wird nicht nur beliebt sein, sondern auch hinsichtlich Führung und interpersonaler Effektivität gut abschneiden.

Selbstverständlich ist die einseitige Auffassung eines emotionslosen Seelenlebens abzulehnen, die möglicherweise hinter einer rein kognitiv orientierten Intelligenztheorie steht. Ob man andererseits den Akzent so sehr auf die emotionalen Fähigkeiten einer Person legen sollte, wie dies Goleman mit seinem Primat der emotionalen Intelligenz tut, wagen wir zu bezweifeln. Uns kommt es vernünftiger vor, der emotionalen Intelligenz den ihr gebührenden Stellenwert zuzuweisen, wie dies z. B. in dem Modell von Gardner erfolgt: Gardner spricht ja in seinem Modell der sechs Intelligenzen (siehe weiter oben) explizit von der „personalen Intelligenz", die auf den Umgang mit eigenen und fremden Gefühlen abzielt. Damit wird deutlich, daß auch die emotionale Intelligenz nur eine unter mehreren gleichberechtigten Intelligenzen ist.

VI. Der ewige Streit: Die Anlage-Umwelt-Debatte

Die Anlage-Umwelt-Debatte durchzieht die Wissenschaftsgeschichte seit vielen Jahrhunderten, ist doch die Frage danach, zu welchen Anteilen eine Eigenschaft wie z. B. Intelligenz angeboren bzw. erlernt ist, idealer Nährboden für Ideologien jedweder Art. Ist man etwa von einem hohen Erbeinfluß überzeugt, erscheinen Maßnahmen zur Entwicklungsförderung oder zum Training bestimmter Eigenschaften als Zeit- und Geldverschwendung.[1] Ist man dagegen von einem hohen Umwelteinfluß überzeugt, kann man durch die aktive Gestaltung dieser Umwelt erheblich Einfluß auf die Entwicklung eines Individuums nehmen und es entsprechend „formen".[2]

Ausgerechnet das Merkmal „Intelligenz" spielt in diesem Zusammenhang eine bedeutende Rolle. Viele Studien, die in der Diskussion um den Stellenwert von Erbe bzw. Umwelt angeführt werden, beziehen dieses Merkmal mit ein bzw. stützen ihre Argumentation sogar ausschließlich darauf.

1. Erkenntnisse aus Zwillingsstudien

Bei der Frage nach der Erblichkeit eines Merkmals wie Intelligenz spielen *Zwillingsstudien* eine maßgebliche Rolle. Ausgangspunkt ist hierbei die Überlegung, daß bei eineiigen Zwillingen (EZ), die doppelt soviele identische Gene besitzen wie zweieiige Zwillinge (ZZ), bei absoluter Erblichkeit die Korrelation zwischen ihren Intelligenzwerten doppelt so hoch ausfallen sollte wie bei ZZ (unter der Voraussetzung, daß die elterliche Paarung zufällig erfolgt). Zusätzlich interessieren Unterschiede zwischen solchen Zwillingen, die gemeinsam aufgewachsen sind, und solchen, die nach ihrer Geburt voneinander getrennt wurden und damit in unterschiedlichen Umwelten groß geworden sind.

Insbesondere Untersuchungen an eineiigen Zwillingen, die in unterschiedlichen Familien aufgewachsen sind, schienen die Vererbungstheorie zu belegen. Da eineiige Zwillinge über identische Gene verfügen, muß alles, was sie unterscheidet, auf unterschiedliche Umwelteinflüsse rückführbar sein. Besonders hervorstechend waren in diesem Zusammenhang die Untersuchungen von *Sir Cyril Burt*,[3] der die Vererbbarkeitsthese durch den Nachweis sehr hoher Korrelationen zwischen den IQ-Werten eineiiger Zwillinge, die kurz nach der Geburt getrennt worden waren, zu untermauern suchte. Dazu hatte er angeblich 53 eineiige Zwillingspaare untersucht. *Leon Kamin*,[4] der auch heute noch die Arbeiten von Zwillingsforschern überprüft, stellte als erster fest, daß die Anzahl der untersuchten Zwillingspaare von Publikation zu Publikation von 20 auf über 50 kontinuierlich anstieg, ohne daß sich etwas an der Höhe der Korrelationen änderte. Diese blieben auf drei Stellen hinter dem Komma identisch, was äußerst unwahrscheinlich schien. Weitere Recherchen brachten noch andere Unstimmigkeiten ans Licht. So haben die beiden Assistentinnen, die angeblich für Burt Daten gesammelt und bearbeitet hatten, offenbar nie existiert. Außerdem waren einige von ihm berichtete Korrelationen zu hoch, um wahr zu sein. Die einzelnen Paarlinge wurden auch nicht, wie Burt berichtete, über die gesamte Breite sozioökonomischer Schichten gestreut: Tatsächlich landeten über die Hälfte der Paarlinge in Familien derselben oder der unmittelbar benachbarten sozioökonomischen Schicht.

Heute widmen sich der amerikanische Psychologe *Thomas Bouchard* und seine Kollegen[5] der Suche nach dem Einfluß von Erbe und Umwelt. Sie untersuchten ebenfalls Persönlichkeitseigenschaften und Intelligenz von eineiigen Zwillingspaaren, die in unterschiedlichen Familien aufgewachsen waren.

Tab. 4 zeigt die korrelativen Zusammenhänge zwischen den Intelligenzwerten von Personen mit unterschiedlichem Verwandtschaftsgrad und verschiedenen Erziehungsbedingungen.

Wie aus Tab. 4 hervorgeht, ist tatsächlich die Korrelation der Intelligenzwerte bei EZ größer als bei ZZ, und auch die Eltern-Kind-Korrelation wird nicht durch die Tatsache verändert, ob sie gemeinsam oder getrennt aufwachsen. Zusätzlich

Tab. 4: Korrelative Zusammenhänge von Intelligenzwerten
bei Personenpaaren mit unterschiedlichem Verwandtschaftsgrad
und verschiedenen Erziehungsbedingungen.

Verhältnis zwischen den Personen	Erziehung	genetische Ähnlichkeit	Korrelation
gleiches Individuum	–	100	.87
Eineiige Zwillinge (EZ)	gemeinsam	100	.86
Zweieiige Zwillinge (ZZ)	gemeinsam	50	.62
Geschwister	gemeinsam	50	.41
Geschwister	getrennt	50	.24
Eltern-Kind	gemeinsam	50	.35
Eltern-Kind	getrennt	50	.31
Adoptiveltern-Kind	gemeinsam	unbekannt	.16

Anmerkung: Die Daten stammen aus einer Übersicht von Henderson (1982).[6]

ist bei Adoptiveltern die Korrelation am geringsten. All diese Befunde belegen einen genetischen Einfluß auf die Intelligenz. All diese Befunde zeigen aber gleichzeitig nur an, wieviel der Varianz *in dieser Population* als genetisch oder umweltbedingt bezeichnet werden kann. Wenn man sich hypothetische Populationen vom Typ „Kaspar Hauser" vorstellt (kein Sprachlernen, keinerlei Erziehung, keine Anregungen etc.), wird der Umwelteinfluß trotz aller genetischen Varianz dort annähernd 100 Prozent der Varianz der (sehr niedrigen) IQ-Werte aufklären – was zeigt, wie vorsichtig mit derartigen Zahlen umgegangen werden muß.

2. Konsequenzen der Anlage-Umwelt-Debatte

Die Anlage-Umwelt-Debatte hatte (und sie hat möglicherweise auch heute noch) erhebliche Konsequenzen auf das alltägliche Leben: So befürwortete Goddard, ein Anhänger der Vererbungstheorie, in den ersten Jahren dieses Jahrhunderts die Prüfung der Intelligenz aller Immigranten mit der Absicht, geistig Minderbemittelte auszusondern. Ein Großteil jüdischer, italienischer und russischer Einwanderer wurden aufgrund von Tests, die an weißen US-Amerikanern normiert waren, als „Imbezile" (mittlerer Grad des Schwachsinns, IQ zwischen 50 und 60) klassifiziert.

Bekanntlich argumentierten auch die Nationalsozialisten zwischen 1933 und 1945 mit der Erblichkeit geistiger Anlagen, was sich nicht nur in der Reglementierung von Heirat und Geburt äußerte, sondern ebenso die pseudo-wissenschaftliche Grundlage für ihr menschenverachtendes Euthanasie-Programm darstellte. Zur Geburtenkontrolle wurden auch in einigen Staaten der USA zwischen 1924 und 1972 Zwangssterilisationen durchgeführt. Ähnliche Fälle sind jüngst aus Schweden bekanntgeworden.

Ende der sechziger Jahre behauptete *Arthur Jensen* aus Berkeley, daß der IQ schwarzer US-Bürger genetisch bedingt niedriger sei als der IQ von Weißen. Tatsächlich hatten sie in vielen IQ-Tests schlechter abgeschnitten, was aber wohl vor allem damit zu tun hatte, daß die Tests auf die Lebenswelt der Weißen zugeschnitten waren.

Eine andere Konsequenz der Vererbungstheorie war auch die Gründung einer Samenbank in Escondido im Jahre 1979, die über den Samen von mindestens drei Nobelpreisträgern und anderen prominenten Forschern verfügt. Mit ihrer Hilfe sollen hochintelligente Kinder gezeugt werden.[7] Die ethischen Probleme solcher „Eugenik-Programme" sind jedoch nicht zu übersehen und werden heutzutage öffentlich diskutiert.

VII. Entwicklung der Intelligenz

In diesem Kapitel schildern wir zunächst das bekannte Stufenkonzept der Intelligenzentwicklung nach Jean Piaget. Daß mit dem Erreichen des Erwachsenenalters die Intelligenzentwicklung nicht abgeschlossen ist, verdeutlicht dann das Konzept der Intelligenzentwicklung über die Lebensspanne. Schließlich befassen wir uns mit der Intelligenz im höheren Lebensalter, die oftmals als „Weisheit" bezeichnet wird.

1. Intelligenzentwicklung nach Piaget

Der Schweizer Psychologe *Jean Piaget* (1896–1980) begann seine Karriere als Wissenschaftler bereits im Alter von zehn Jahren. Bei seiner ersten „Publikation", die in einer Lokalzeitung erschien, handelte es sich um die Beobachtung eines Albinosperlings in seiner Heimatstadt Neuchâtel (Schweiz). Nach dem Abitur studierte er Zoologie und promovierte im Alter von 22 Jahren mit einer Arbeit über Weichtiere des Wallis. Neben zoologischen Studien galt sein Interesse auch philosophischen und soziologischen Themen. Zeitweise arbeitete er in Binets Laboratorium. Hier interessierte er sich insbesondere für die Fehler der Kinder beim Lösen von Intelligenztestaufgaben. Piaget war der Auffassung, daß gerade die Analyse dieser Fehler zur Erforschung der intellektuellen Entwicklung der Kinder Wesentliches beitragen könne. Er schrieb zahlreiche Bücher und Hunderte Zeitschriftenartikel, in denen er sich mit der Intelligenzentwicklung bei Kindern auseinandersetzte. In diesem Kapitel können wir nur einen kleinen Einblick in die kognitive Entwicklung, so wie Piaget sie sah, liefern.

Piaget ging von vier Hauptperioden der geistigen Entwicklung aus, die wiederum in eine Anzahl von Stadien unterteilt sind. Diese Hauptperioden sind: (1) die Periode der sensumotorischen Entwicklung, (2) die Periode des voroperativen anschaulichen Denkens, (3) die konkret-operative Periode,

(4) die formal-operative Periode. Die Entwicklung von einer Stufe zur anderen sollte der Suche des Kindes nach Balance (Equilibration) entspringen. In einigen Situationen trifft das Kind auf Umweltgegebenheiten, die zu seinen bereits existierenden kognitiven Schemata passen. Es befindet sich dann in einem Gleichgewichtszustand. Manchmal wird es jedoch mit Bedingungen konfrontiert, die nicht zum existierenden kognitiven Schema passen, was ein kognitives Ungleichgewicht erzeugt. Um wieder in den Gleichgewichtszustand zu gelangen, bedient sich das Kind der Mechanismen der Adaptation (Anpassung). Adaptation hat dabei immer zwei Aspekte: Einerseits ändert der Organismus das Verhalten und paßt sich den Anforderungen der Umwelt an (Akkomodation), andererseits wird die Umwelt so umgestaltet, daß sie mit den eigenen Möglichkeiten und Bedürfnissen übereinstimmt (Assimilation).

(1) Sensumotorische Periode (0–2 Jahre)
Die erste Entwicklungsperiode gliedert sich nach Piaget in sechs Stadien.

Das *erste Stadium* (1. Monat) beinhaltet das Üben angeborener Reflexmechanismen. Schon bei den ersten Reflexen (z.B. Saug-, Greif-, Schluckreflex) erkannte Piaget Hinweise auf *Akkomodation*, die eine Anpassung an die Umwelt ermöglicht: So ist das Neugeborene in der Lage, seinen Saugreflex zu modifizieren, je nachdem, ob es an der Flasche trinkt oder an der Brust saugt. Parallel dazu zeigt sich auch die *Assimilation* der Umgebung. Durch das Saugen an anderen Gegenständen lernt der Säugling, spielerisches Saugen vom Saugen zur Nahrungsaufnahme zu unterscheiden.

Das *zweite Stadium* (1–4 Monate) ist charakterisiert durch die *primären Kreisreaktionen*: Der Säugling wiederholt Handlungen, die zu einem angenehmen Ergebnis geführt haben. Typische Handlungen wie Saugen, Greifen oder Dinge anblicken werden auf immer mehr Gegenstände angewandt. Gegen Ende dieses Stadiums lernt das Kind die erste Koordination verschiedener Aktivitäten. Besonders wichtig ist hier die Koordination von Sehen und Greifen. Allerdings ist diese Koordinationsmöglichkeit zunächst noch eingeschränkt, da das Kind seine Hand und den zu ergreifenden Gegenstand gleichzeitig sehen muß.

Erst im *dritten Stadium* (4–8 Monate), dem *Stadium der sekundären Kreisreaktionen*, beginnt das Kind zu greifen, was es sieht, ohne daß die Hand und das Objekt gleichzeitig im Blickfeld sein müssen. Anders als bei den primären Kreisreaktionen führen die sekundären Kreisreaktionen nicht zu einer direkten sensorischen Stimulation des Körpers. Das Kind wendet sich zunehmend der Außenwelt zu. Im Unterschied zu den Aktivitäten des vorangehenden Stadiums, die vor allem auf den eigenen Körper ausgerichtet waren (Saugen, Greifen), gilt das Interesse des Kindes nun Effekten, die es außerhalb des eigenen Körpers erzeugen kann (z. B. Rasseln). Ebenso wie die primären, erfolgen auch die sekundären Kreisreaktionen zuerst durch Zufall, und weil das Ergebnis als angenehm empfunden wird, versucht der Säugling es zu wiederholen. Der Säugling entdeckt, daß bestimmte Verhaltensweisen zu bestimmten Ergebnissen führen. So entstehen erste Vorformen des „intentionalen" (absichtlichen) Verhaltens. Für Piaget ist die Intentionalität eines der Hauptkriterien für intelligentes Verhalten. Sie zeigt sich um so deutlicher, je stärker das Kind Verhaltensweisen ausübt, um ein Ziel zu erreichen, wobei sich diese Verhaltensweisen deutlich vom eigentlichen Zielverhalten unterscheiden lassen. Von einer „Vorform" intentionalen Verhaltens spricht Piaget deshalb, weil das Kind noch nicht in der Lage ist, bestimmte Ziele vorherzusehen, um dann nach Mitteln zu suchen, diese herbeizuführen. Das Verhalten ist auch in dieser Phase eher auf Wiederholungen ausgerichtet, die keine eigentliche Anpassungsleistung darstellen.

Im *vierten Stadium* (8–12 Monate), dem *Stadium der Koordination erworbener Handlungsschemata*, zeigt das Kind zunehmend zielorientiertes, intentionales Verhalten. Es erlernt die Koordination und systematische Anwendung mehrerer Handlungsschemata auf ein Ziel hin. Eine Möglichkeit der Koordination verschiedener Handlungsschemata dient z. B.

der Beseitigung von Hindernissen, um an einen Gegenstand zu gelangen. So beschreibt Piaget beispielsweise, daß es seinem Sohn Laurent bis zum Alter von sieben Monaten nie gelang, ein Hindernis zur Seite zu schieben, um an den erwünschten Gegenstand heranzukommen: „Mit 0,6 (0) [6 Monate, 0 Tage, Anm. der Verf.] biete ich Laurent beispielsweise eine Zündholzschachtel an, wobei ich seinen Greifakt mit meiner quergestellten Hand behindere. Laurent versucht über meine Hand hinweg zu kommen oder an ihr vorbei zu gelangen, aber er versucht nicht, sie beiseite zu schieben [...] Später 0,7 (7) unterbricht Laurent die Durchführung der Handlung und beginnt in direkter Weise auf das Hindernis einzuwirken, um an den Gegenstand zu gelangen." Eine zweite wesentliche Variante der Koordination verschiedener Handlungsschemata besteht z. B. in der Verwendung von Gegenständen (z. B. Stöcke, Schnüre), um an Zielobjekte zu gelangen.[1]

Das *fünfte Stadium* (12–18 Monate) ist das der *tertiären Kreisreaktionen*. Das Kind entdeckt in diesem Alter durch aktives Experimentieren neue Handlungsschemata. Analog zu den primären und sekundären Kreisreaktionen bemüht sich das Kind, bestimmte Effekte zu wiederholen. Der wesentliche Unterschied liegt jedoch darin, daß es diese Wiederholungen systematisch variiert. So probiert es beispielsweise systematisch das Werfen eines Balles mit zwei Händen oder mit einer Hand, aus hoher oder aus niedriger Höhe. Diese Experimente führen zur Entdeckung neuer Mittel, um Ziele zu erreichen. In diesem Stadium entwickelt und verfestigt sich der Gebrauch von Instrumenten.

Im *sechsten Stadium* (18–24 Monate) entwickelt das Kind die Möglichkeit, sich Dinge vorzustellen und sie geistig auszuführen. Ab Mitte des zweiten Lebensjahres ist es in der Lage, sich vorzustellen, welches Ergebnis eine Handlung hat. Praktisches Probieren ist nicht mehr notwendig, da Handlungen offenbar innerlich vollzogen werden können. Das Kind lernt in diesem Alter auch den Gebrauch von Symbolen und Wörtern, um sich auf Dinge zu beziehen, die nicht gegenwärtig sind. Ein Hinweis darauf, daß das Kind Symbole verwendet, ist die *aufgeschobene Nachahmung*, die sich darin äußert, daß das Kind Erwachsene oder andere Kinder nicht sofort nachahmt, sondern erst lange Zeit, nachdem es die Handlung gesehen hat. Dies setzt voraus, daß die Handlung im Gedächtnis repräsentiert ist. Tatsächlich verläuft die Fähigkeit zum Gebrauch geistiger Repräsentationen in verschiedenen Schritten und beginnt schon zwischen dem 6. und 8. Lebensmonat. In diesem Alter entwickelt sich die *Objektpermanenz*: Kinder erfahren, daß Dinge auch dann noch existieren, wenn sie sie nicht mehr sehen. Sie beginnen nach einem versteckten Gegenstand zu suchen. Sucht man nach einem Objekt, so muß dieses innerlich repräsentiert sein. Die Entwicklung einer Repräsentationsfunktion zeigt sich auch in *Symbolhandlungen*. So beschreibt Piaget, daß seine Tochter, während er eine Streichholzschachtel öffnet und schließt, die Augen öffnet und schließt. Als sie will, daß die Schachtel wieder geöffnet wird, macht sie dies durch das Öffnen und Schließen ihres Mundes und ihrer Augen deutlich.

(2) Die Periode des voroperativen Denkens (2–7 Jahre)

In dieser Periode erwerben die Kinder die Fähigkeit, Handlungssequenzen im Geiste auszuführen, anstatt tatsächlich mit den Gegenständen zu experimentieren. Die geistigen Repräsentationen scheinen einem ablaufenden Film zu ähneln. Im Gegensatz zum symbolischen Denken, das erst in der nächsten Periode entwickelt wird, fehlt dieser Form des Denkens noch eine gewisse Flexibilität. So läuft das Denken nur in eine Richtung. Vorschulkinder sind noch nicht in der Lage, Denkvorgänge umzukehren (Irreversibilität). Zudem zentriert sich das Denken meist auf einen Aspekt, um zu einem Urteil zu gelangen, wobei andere Aspekte außer acht gelassen werden (Zentrierung). Da das Kind bestimmte Denk-„Operationen" noch nicht vornehmen kann, spricht Piaget vom voroperativen Denken.

Anhand einiger Beispiele sollen die Begriffe Zentrierung und Irreversibilität näher erläutert werden. Bekannt geworden sind vor allem die „Umschüttversuche" von Piaget. Eine Variante dieses Versuchs sieht so aus: Man zeigt einem Kind zwei gleiche schmale, hohe Gläser (Glas A und Glas B), die mit der gleichen Menge Wasser gefüllt sind. Dann schüttet der Versuchsleiter das Wasser des einen Glases B in ein drittes Glas (Glas C), das niedriger ist, aber einen größeren Durchmesser besitzt. Der Wasserspiegel des Glases A ist nun höher als der des Glases C, die Wassermenge ist jedoch konstant geblieben. Fragt man nun das Kind, in welchem Glas sich mehr Wasser befindet, dann wird es Glas A, das den höheren Wasserstand aufweist, auswählen. Die Aufmerksamkeit des Kindes ist auf einen Aspekt, nämlich die Höhe des Wasserspiegels „zentriert". Der Durchmesser des Glases wird bei der Urteilsbildung nicht berücksichtigt. Ältere Kinder wissen, daß die Wassermenge in den Gläsern gleich geblieben ist. Sie begründen dies oftmals damit, daß man das Wasser wieder in das schmale, hohe Glas zurückschütten könne, was dann zu einer gleichen Höhe der Wasserspiegel führen würde. Kinder im präoperativen Stadium können ihre Denkvorgänge noch nicht in dieser Weise umkehren.

Die Zentrierung der Wahrnehmung auf einen Aspekt kann man auch in anderen Bereichen beobachten: Vorschulkinder identifizieren Alter oft als Größe. So glauben sie, daß ältere Leute auch größer sind. Zentrierung zeigt sich auch beim moralischen Urteilen. Ein Kind, das zehn Tassen zerbrochen hat, als es seiner Mutter helfen wollte, wird moralisch negativer beurteilt als ein Kind, das eine Tasse aus Wut zerbrochen hat.

Kinder in dieser Phase sind auch noch nicht imstande, sich in die Rolle eines anderen hineinzuversetzen und sich eine Szene aus der Sicht eines anderen Beobachters vorzustellen. Dies demonstrierte Piaget mit seinem „Drei-Berge-Versuch". In diesem Experiment sitzt das Kind vor dem dreidimensionalen Modell einer Berglandschaft. Die Berge unterscheiden sich in diesem Modell so, daß der Betrachter, der beispielsweise hinter dem höchsten Berg sitzt, nur das Kreuz auf dem Gipfel sieht. Nun werden Personen an verschiedenen Orten plaziert, und das Kind wird gefragt, was die Person von der jeweiligen Position wohl sieht. Es zeigt sich, daß Kinder im präoperativen Stadium der Ansicht sind, daß ihre Sicht auch die der anderen Personen ist. Sie begreifen nicht, daß sich ihre eigene Perspektive von der Perspektive anderer Personen unterscheidet.

(3) Die Periode des konkret-operativen Denkens (7–11 Jahre)
Mit zunehmendem Alter gewinnen die Kinder die Fähigkeit, vorgestellte Abläufe innerlich umzukehren. Das Denken wird reversibel. Dies äußert sich beim Umschüttversuch z. B. in der Antwort, daß man das Wasser ja auch wieder in das ursprüngliche Gefäß schütten könne, wodurch die Wasserspiegel beider Gläser wieder die gleiche Höhe erlangen würden. Zur gleichen Zeit wird die Zentrierung auf einen herausragenden Wahrnehmungsaspekt abgelöst („Das Wasser in Glas C steht zwar höher, dafür ist das Glas aber schmaler"). Ein zehnjähriges Kind hat bei den Umschüttversuchen ein Verständnis von der *Erhaltung*, in diesem Fall von der Erhaltung der Wassermenge. Das Konzept der *Erhaltung* spielt bei der Entwicklung des Denkens eine wichtige Rolle, da es dem Kind erlaubt, Regelmäßigkeiten (Invarianzen) wahrzunehmen, die nach außen veränderlich und unregelmäßig erscheinen. So erhält das Kind eine tiefere Einsicht in den Unterschied von Wirklichkeit und äußerem Anschein.

In dieser Periode entwickeln sich weitere wichtige Fähigkeiten des menschlichen Denkens, nämlich das Verständnis, daß Objekte als Elemente einer Klasse betrachtet werden können (*Klassifikation*), die Fähigkeit der Ordnung von Gegenständen hinsichtlich bestimmter Merkmale (*Seriation*) sowie bestimmte Formen des logischen Schließens. Zur Beschreibung des konkret-operatorischen Denkens bediente sich Piaget einer logisch-mathematischen Darstellungsform. Wir können hier nur exemplarisch einige Aspekte herausgreifen: So lernt das Kind, daß Katzen, Hunde und Vögel zur Klasse der Tiere gehören. Die systematische Klassifikation zeigt sich in den Antworten des Kindes. Ein älteres Kind antwortet auf die Frage „Was ist ein Hund?" mit dem Oberbegriff „Ein Tier". Ein jüngeres Kind zählt auf diese Frage einzelne Merkmale wie

„ein Dackel" oder „bellt" auf. Auch Quantoren wie „alle" oder „einige" werden in diesem Alter erstmals korrekt angewendet. Logische Probleme, die auf Inklusionsbeziehungen basieren, können nun gelöst werden. Z.B. kann das Kind nun aus den Prämissen: „Alle Katzen sind Tiere" und „Mautz ist eine Katze" den Schluß ziehen: „Mautz ist ein Tier". Beauftragt man ein voroperatives Kind, sechs unterschiedliche Stäbe hinsichtlich ihrer Länge aufzureihen, dann gelingt ihm das nur in begrenzter Weise. Typischerweise legt es zwei Stäbe in der richtigen Reihenfolge nebeneinander, ohne jedoch die Länge der folgenden vier Stäbe zu berücksichtigen. Dem konkret-operativen Kind gelingt diese Aufgabe.

Mit der Fähigkeit zur *Seriation* ist auch der Erwerb des Konzeptes der *Transitivität* verknüpft. Dem Kind werden zwei Stäbe A und B nebeneinander gezeigt. Stab A ist länger als Stab B. Dann wird dem Kind gezeigt, daß Stab B länger als Stab C ist. Die kritische Frage „Ist Stab A länger als Stab C" kann das konkret-operative Kind korrekt beantworten, das voroperative Kind jedoch nicht. Es muß dafür in der Lage sein, die Stäbe innerlich hinsichtlich ihrer Länge zu ordnen (A>B, B>C) und diese beiden isolierten Relationen in ein Ordnungsgefüge bringen, um den transitiven Schluß A>C zu ziehen.

(4) Die Periode des formal-operativen Denkens
  (11 Jahre–Erwachsenenalter)
Auch wenn das konkret-operative Kind schon wesentliche Fortschritte gemacht hat, so ist seine Denkweise immer noch begrenzt. Es ist zwar in der Lage, konkrete Operationen in einer aktuellen Situation auszuführen, hat jedoch Schwierigkeiten bei der Koordination möglicher oder hypothetischer Handlungen in abstrakteren Situationen. Im Stadium des formalen Denkens sind die logischen Operationen nicht mehr an konkrete Probleme gebunden. Das Kind lernt mit Abstraktionen und hypothetischen Sachverhalten zu operieren. In der konkret-operativen Periode ist das Denken des Kindes auf gegebene Informationen beschränkt, unabhängig davon,

ob diese konkret-anschaulich sind oder in abstrakter Weise, z. B. sprachlich, repräsentiert sind. Das formal-operative Denken reicht über die vorgegebenen Informationen hinaus.

Der Unterschied zwischen dem Stadium des konkret-operativen Denkens und dem Stadium des formal-operativen Denkens soll anhand folgender Untersuchung, die Piaget und Barbara Inhelder[2] durchführten, erläutert werden: Kindern unterschiedlicher Altersstufen werden vier gleich große Flaschen (1–4) und eine kleinere Flasche (mit g bezeichnet) präsentiert. Die Flaschen enthalten verschiedene flüssige chemische Substanzen, die farb- und geruchlos sind. Der Versuchsleiter zeigt den Kindern zwei Gefäße. Beide Gefäße enthalten ein Gemisch aus einigen der Flüssigkeiten 1–4. Der Experimentator gibt in beide Gefäße einige Tropfen aus der Flasche g. Die Flüssigkeit in Gefäß A färbt sich daraufhin gelb, die in Gefäß B bleibt farblos. Anschließend erhalten die Kinder leere Gefäße mit der Aufforderung, die gelbe Flüssigkeit herzustellen. Nur die Kombination der Flüssigkeiten 1 und 3 zusammen mit der Flüssigkeit g erzeugt die gelbe Farbe. Die Flüssigkeit 2 hat keinen Effekt auf die Färbung, und die Flüssigkeit 4 behindert die Gelbfärbung. Um zu erforschen, welche Flüssigkeiten die Farbe gelb erzeugen, muß das Kind systematisch alle Kombinationen ausprobieren. Kinder im Stadium der konkreten Operationen beginnen möglicherweise systematisch: Sie mischen 1 und 2, dann 2 und 3, dann 3 und 4 usw. und fügen g hinzu. Bleiben ihre Versuche erfolglos, dann geben sie entweder auf oder mischen die verschiedenen Flüssigkeiten in unsystematischer Weise weiter. Falls sie dann per Zufall die Farbe gelb erzeugen, dann wissen sie nicht, wie dieses Ergebnis zustande kam. Formal-operative Kinder wissen dagegen, daß es eine begrenzte Zahl von Mischungen gibt und experimentieren systematisch nach einem Plan, der alle Kombinationen enthält. Selbst wenn sie die Farbe gelb erzeugt haben, experimentieren sie weiter, um sicherzustellen, daß dies die einzige Kombination ist, um eine gelbe Flüssigkeit zu erhalten. Natürlich ist es nicht immer möglich, vollständige Kombinationssysteme zur Lösung eines Problems zu erstellen.

Manche Probleme sind dafür zu komplex. Charakteristisch ist jedoch, daß sich Jugendliche in dieser Phase bemühen, einzelne Variablen zu kontrollieren und Hypothesen systematisch zu testen.

Schon in der Periode der konkreten Operationen scheint das Kind in der Lage zu sein, korrekte Schlußfolgerungen zu ziehen. Betrachtet man diese Schlüsse jedoch genauer, so stellt man fest, daß es sich oftmals nicht um wirkliche Formen des deduktiven Schlußfolgerns handelt, sondern um Schlüsse, die auf verallgemeinerten Erfahrungen basieren. Erst im formal-operativem Stadium ist das Kind zu echtem deduktiven Schlußfolgern fähig.

Bewertung der Theorie

Piaget hat einen wesentlichen Beitrag zur Erforschung der kognitiven Entwicklung bei Kindern und Jugendlichen geleistet. Das Konzept der Entwicklungsstufen fand auch bei anderen Forschern Unterstützung. Einen nachhaltigen Eindruck hinterließen vor allem seine einfallsreichen Versuchsanordnungen und seine aufsehenerregenden Beobachtungen. In den siebziger Jahren gab es eine Flut von Untersuchungen zur Prüfung einzelner Aspekte seiner Theorie. Derart umfangreiche Überprüfungen deckten natürlich auch Unzulänglichkeiten auf.

So scheint es, daß Piaget die Fähigkeiten der Kinder oft unterschätzte. Dies ist einerseits darauf zurückzuführen, daß er bestimmte Untersuchungsmethoden noch nicht kannte, und andererseits darauf, daß er sich oft allein an den sprachlichen Äußerungen der Kinder orientierte, um auf Denkvorgänge zu schließen. Heute weiß man, daß die Diskrepanzen zwischen sprachlichen Äußerungen und tatsächlich ablaufenden kognitiven Prozessen beträchtlich sind. Wie man mit differenzierteren Experimenten zu anderen Schlüssen kommt, soll an einem Beispiel demonstriert werden:

Mit einer raffinierten Versuchsanordnung konnten Bryant und Trabasso[3] 1971 nachweisen, daß schon voroperationale Kinder die Fähigkeit haben, logische Schlüsse zu ziehen, wenn ihnen eine Gedächtnisstütze gegeben wird. Die Forscher konfrontierten Kinder unterschiedlicher Altersstufen mit einem typischen Transitivitätsproblem. Dazu wurden den Kindern jeweils zwei Stäbe unterschiedlicher Länge gezeigt: Stab A ist länger als Stab B und Stab B ist länger als Stab C. Stellt man einem voroperationalen Kind dann die Frage, ob Stab A länger oder kürzer als Stab C ist, dann wird das Kind nur per Zufall zur richtigen Lösung kommen. Es begreift offensichtlich noch nicht, daß Stab A länger als Stab C ist. Die vierjährigen Kinder konnten dieses Problem genau dann lösen, wenn die verschiedenen Stäbe unterschiedlich gefärbt waren. Diese Stäbe wurden dann in einer Halterung befestigt, die von jedem Stab nur das obere farbige Ende zwei Zentimeter herausschauen ließ. Nun zeigte sich, daß auch Kinder zwischen vier und sechs Jahren mit dem Transitivitätsproblem umgehen konnten und zum richtigen Schluß kamen, daß Stab A länger als Stab C ist. Diese logische Operation konnten sie nicht durchführen, wenn die Gedächtnisstütze fehlte. Neue Versuchstechniken zeigten, daß auch die Objektpermanenz weit früher ausgebildet wird als Piaget annahm.

Auch die Beschreibung der einzelnen Perioden, bei der sich Piaget sehr stark auf logische Formalismen stützte, und die Darstellung der Übergänge von einem Stadium zum nächsten, wofür er im wesentlichen biologische Reifungsmechanismen verantwortlich sah, stießen auf Kritik. Tatsächlich ist seine Theorie keine einfache Reifungstheorie, da Piaget die Weiterentwicklung als eine Auseinandersetzung zwischen Individuum und Umwelt betrachtet.[4] Die Umwelt spielt dabei jedoch einen passiven Part: Nur das Individuum ist aktiv. Es erlebt die Konflikte, die dann eine Weiterentwicklung im Sinne der Wiederherstellung des Gleichgewichts einleiten. Tatsächlich sprechen jedoch zahlreiche Belege dafür, daß die Umgebung und spezielles Training die kognitive Entwicklung mit beeinflussen können. Zudem unterscheiden sich Individuen hinsichtlich des Tempos der Entwicklung und bezüglich der Anwendung bereits entwickelter Strukturen. So scheint es Erwachsene zu geben, die offenbar kein formal-operatives Denken zeigen, die eher assoziativ als logisch denken. Um diesem

Befund gerecht zu werden, modifizierte Piaget 1972 seine Theorie. Die Stufe des formal-operativen Denkens scheint wohl weniger das Ergebnis einer Reifung zu sein, die mit zunehmendem Alter zwangsläufig eintritt, sondern eher das Resultat individueller Erfahrung.

Ferner wurde kritisiert, daß sich die Entwicklung nicht diskontinuierlich in Stufen vollziehe, sondern einen eher kontinuierlichen Prozeß darstelle. Doch selbst Arbeiten, die Piagets Theorie kritisieren oder Aspekte seiner Theorie widerlegen, stellen die große Bedeutung Piagets für die Intelligenzforschung nicht in Frage.

2. Intelligenzentwicklung über die Lebensspanne

Die von Piaget eingeleitete Erforschung der Intelligenzentwicklung suggeriert einen Abschluß dieser Phase mit Beginn des frühen Jugendalters. Heutzutage ist das Gebiet der Entwicklungspsychologie aber nicht mehr auf die Entwicklung in Kindheit und Jugend beschränkt, denn Entwicklung ist ein lebenslanger Prozeß, der erst mit dem Tod endet. „Entwicklung über die Lebensspanne" lautet somit das Motto, unter dem auch der Bereich der Intelligenz zu fassen ist.

Im Zuge querschnittlich angelegter Untersuchungen (d.h. zu einem ganz bestimmten Erhebungstermin werden verschiedene Altersgruppen untersucht) zur Intelligenzentwicklung über die Lebensspanne hinweg kamen frühere Forscher zu einem Bild, das für die fluide Intelligenz einen Altersgipfel mit etwa 25 Jahren und danach einen kontinuierlichen altersbedingten Abfall zeichnete. Lediglich für die kristalline Intelligenz sollte dieser Altersabfall gemindert auftreten (vgl. Kap. IV. 4).

Untersuchungen zur Intelligenzentwicklung sind jedoch nicht zuletzt durch methodische Kontroversen überschattet: Im Vordergrund steht dabei die Frage, ob etwa querschnittlich erhobene Angaben über die Intelligenz bei verschiedenen Geburtsjahrgängen (Kohorten) tatsächlich einen fairen Blick auf altersbedingte Unterschiede gestatten oder ob bei diesem

Vorgehen nicht vielmehr kohortenspezifische Effekte (schlechtere Ausbildungsbedingungen, Kriegseinflüsse etc.) zum Vorschein kommen. Als Alternative sind die erhebungstechnisch wesentlich aufwendigeren Längsschnittstudien zur Intelligenzentwicklung anzusehen, bei denen bestimmte Alterskohorten über einen langen Zeitraum immer wieder erneut untersucht und „vermessen" werden, um so genaueren Aufschluß über die Intelligenzentwicklung zu erhalten. Hier muß allerdings berücksichtigt werden, daß durch die bloße Tatsache wiederholter Messungen bei einer Person Leistungssteigerungen allein aufgrund der Testwiederholung zu erwarten sind und daher auch mit dieser längsschnittlichen Erhebungsmethode Probleme verbunden sind. Wie so oft, stellt die Kombination längs- und querschnittlicher Erhebungsverfahren den besten Weg dar, um Angaben darüber zu erhalten, wie sich Intelligenz über die Lebensspanne hinweg verändert.[5]

3. Intelligenz im Alter: Weisheit

Mit höherem Lebensalter mögen zwar elementare Funktionen wie z.B. die Reaktionsgeschwindigkeit abnehmen, dafür wächst aber die Lebenserfahrung unter Umständen so stark an, daß wir solchermaßen „gereiften" Personen die Eigenschaft der Weisheit zusprechen. Weisheit erscheint unter diesem Blickwinkel als hochentwickelte Form einer Erwachsenen- bzw. Alters-Intelligenz, die von *Paul Baltes* und *Jacqui Smith* als Expertenwissen definiert wird, das zur Bearbeitung grundlegender Lebensfragen befähigt und sich in außergewöhnlich guten Urteilen und Ratschlägen manifestiert.[6]

Die Intelligenzforschung hat diesen Bereich über lange Zeit hinweg ausgeblendet, da sie sich (nicht zuletzt aufgrund ihrer Geschichte, vgl. Kap. II) auf jugendzentrierte Leistungskriterien fixiert hatte. Erst im Zuge der Diskussion über die möglicherweise mangelnde Relevanz einer vor allem an Schulwissen ausgerichteten IQ-Forschung sind dann neue Themengebiete erschlossen worden, zu denen auch „Weisheit" gehört.

Paul Baltes und seine Mitarbeiter[7] legen ihren Studien zur Altersweisheit ein duales Prozeßmodell der Intelligenz zugrunde, in dem die „Mechanik" der Intelligenz von der „Pragmatik" unterschieden wird. Angelehnt an das Modell fluider und kristalliner Intelligenzkomponenten (vgl. Kap. IV. 4), werden die Basisprozesse der Informationsverarbeitung als wissensfreie „Mechanik" betrachtet, während das im Laufe des Lebens erworbene Wissen die wissensgebundene „Pragmatik" kennzeichnet. Diese Pragmatik reflektiert die erworbene Expertise, z. B. im beruflichen Bereich. Ist dieses Expertenwissen bezogen auf die spezifisch menschlichen Bedingungen des Lebens und dessen Wechselfälle und zudem noch in hohem Ausmaß gegeben, spricht man von Weisheit.

Während sich im Bereich der Mechanik altersbedingte Abbauerscheinungen wohl kaum vermeiden lassen (z. B. Einbußen in der Reaktionsgeschwindigkeit), sind hinsichtlich der Pragmatik gerade erst im fortgeschrittenen Alter Leistungsspitzen zu beobachten. Das klassische Bild vom Leistungsabbau mit zunehmendem Alter bedarf hier einer deutlichen Korrektur. Dieses Bild würde sich noch deutlicher abzeichnen, wenn in unserer Kultur Menschen in einer Art und Weise altern könnten, die es ihnen erlaubt, ihre Kompetenzen stärker in die Gesellschaft einzubringen. Einzelbeispiele zeigen immer wieder die prinzipielle Möglichkeit von hohen Leistungsniveaus in fortgeschrittenem Alter.

Die Stärken der älteren Menschen liegen nach neueren Erkenntnissen vor allem in Aufgaben, bei denen praktische und soziale Intelligenz gefordert sind. Auch die Integration von kognitiven und affektiven Komponenten, also die Verbindung von Verstand und Gefühl zu dem, was man Vernunft nennt, gelingt Älteren besser als Jüngeren.[8]

VIII. Beziehungen der Intelligenz zu anderen Bereichen

Wenn man etwas über den Zusammenhang zwischen verschiedenen Meßgrößen aussagen möchte, wie wir dies im bevorstehenden Kapitel tun wollen, um die Zusammenhänge zwischen Testintelligenz und anderen wichtigen Größen zu beleuchten, kommt man zwangsläufig auf den Begriff der Korrelation zu sprechen. Für diejenigen Leser, die das Konzept der Korrelation noch nicht kennen, verweisen wir auf die Erläuterungen in Kap. XI. 1. Im folgenden geht es um die Beantwortung der Frage, wie Intelligenz mit Schulleistung, beruflichem Erfolg, Kreativität, Expertise und Problemlösefähigkeit zusammenhängt. Außerdem beschäftigen wir uns mit Kultur- und Geschlechtsunterschieden bei Intelligenzleistungen.[1]

1. Schulleistung und Intelligenz: Sind intelligente Schüler gute Schüler?

Die Frage, ob Intelligenz und schulische Leistungen in irgendeiner Form zusammenhängen, berührt die *Validitätsbestimmung* von Intelligenztests. Unter Validität eines Tests versteht man die Feststellung dessen, was der Test tatsächlich erfaßt. Ein Schulreifetest sollte wirklich die Schulreife messen, ein Konzentrationstest tatsächlich die Konzentrationsfähigkeit und ein Intelligenztest die Intelligenz. Die Bezeichnung eines diagnostischen Verfahrens als Intelligenztest oder Schulreifetest besagt also zunächst nichts über die psychologische Bedeutung der erfaßten Variablen aus. Um diesbezüglich Informationen zu gewinnen, sind empirische Untersuchungen notwendig. Diese Untersuchungen orientieren sich an sogenannten Außenkriterien für *intelligentes Handeln*. Ein Test, der vorgibt, die „Schulangst" zu messen, würde dann als valide bezeichnet, wenn dessen Ergebnisse z.B. weitgehend mit der Einschätzung der Eltern oder Lehrer übereinstimmen. Ähnlich ist es bei der Validitätsbestimmung von Intelligenztests. Hier zieht man oft das Urteil der Lehrer über das intellektuelle Niveau ihrer Schüler als Außenkriterium heran. Dabei wird von der Annahme ausgegangen, daß in der Schule intellektuelle Leistungen verlangt werden, die dem üblichen Intelligenzbegriff entsprechen, und daß die Lehrer die Möglichkeit haben, die Schüler langfristig in Situationen zu beobachten, in denen Denkleistungen zu erbringen sind. Anhand einer Skala werden Lehrer gebeten, die Intelligenzleistungen ihrer Schüler einzuschätzen, und dieser Wert kann dann mit dem durch den Test erfaßten Wert verglichen werden. Die Höhe der Korrelation zwischen dem vom Lehrer geschätzten Intelligenzwert und dem durch den Test erfaßten Wert schwankt in Abhängigkeit von den Aufgaben der verwendeten Tests. Bei geläufigen Tests liegt die Korrelation bei 0.60 oder höher. Daraus wird geschlossen, daß die üblichen Intelligenztests in großem Ausmaß auch das erfassen, was im schulischen Bereich unter Intelligenz verstanden wird und häufig der Urteilsbildung im Alltag dient. Um Aufschluß darüber zu erhalten, was mit einem Intelligenztest erfaßt wird, werden auch Schulnoten direkt mit Intelligenztestwerten verglichen. Die durchschnittliche Schulnote korreliert mit der Gesamtintelligenz meist um 0.40 oder 0.50. Nimmt man einzelne Fächer zum Vergleich, so hat sich herausgestellt, daß Korrelationen mit der Mathematik- und Deutschnote am höchsten sind.

Zusammengefaßt wäre also zu sagen: Wenn die Schulleistungen und das Lehrerurteil die wesentlichen Kriterien sind, an denen Intelligenztests validiert werden, dann ist es nicht verwunderlich, daß Individuen, die in IQ-Tests gut abschneiden, auch in der Schule gute Leistungen zeigen. Ähnliches gilt für schlechte Leistungen. Würden Intelligenztests von Unternehmern entwickelt, dann würden vielleicht jene gut abschneiden, die ein Verkaufstalent hätten, und nicht notwendigerweise die, die gute Schulleistungen erbrächten. Vorsichtigerweise sollte man daher nicht von *der* Intelligenz einer Person sprechen, sondern von ihrer *Test*intelligenz, um damit zum Ausdruck zu bringen, daß gemessene Testintelligenz und „wahre" Intelligenz divergieren können.

Weitere Faktoren des Schulerfolgs

Intelligenz sagt die Schulleistung gut voraus. Es gibt jedoch auch andere wichtige Faktoren, die die Leistung eines Schülers beeinflussen und nichts mit Intelligenz zu tun haben.

(1) Sozioökonomischer Status: Es konnte gezeigt werden, daß das Wissen um den sozioökonomischen Status der Familie des Schülers einen Einfluß auf das Lehrerurteil ausüben kann. So wird bei Schülern aus einer hohen sozialen Schicht die Intelligenzhöhe durch den Lehrer eher über-, bei Schülern aus einer niedrigen sozioökonomischen Schicht die Intelligenzhöhe eher unterschätzt.[2]

(2) Implizite Theorien: Auch die eigene Theorie darüber, ob Intelligenz ein angeborenes und unveränderliches Persönlichkeitsmerkmal ist oder nicht, beeinflußt den Schulerfolg. Einige Schüler sind der Auffassung, daß jeder von Geburt an mit einem bestimmten Intelligenzniveau ausgestattet ist, das nicht beeinflußt werden kann. Die Schule wird als eine Institution angesehen, deren Aufgabe es ist, die angeborene Intelligenz ihrer Schüler ans Tageslicht zu bringen. Es versteht sich von selbst, daß Schüler, die glauben, ihre Intelligenz sei durch hartes Arbeiten und Lernen zu verbessern, erfolgreicher sind. Selbst wenn diese Perspektive nur teilweise richtig ist, erzeugt sie eine wesentlich produktivere schulische Haltung.

(3) Erwartungen der Eltern und Lehrer: Wenn Eltern und Lehrer hohe Erwartungen an die schulischen Leistungen der Kinder haben, dann werden diese auch eher erfüllt. Man nennt dieses Phänomen auch den *„Pygmalion-Effekt".* In den dazu durchgeführten Studien wurde den Lehrern gesagt, daß einige der Schüler intelligenter seien als die anderen, obwohl die Intelligenzhöhe aller Schüler vergleichbar war. Dies führte nicht nur dazu, daß die Lehrer die beiden Schülergruppen unterschiedlich behandelten, die vermeintlich intelligenteren zeigten auch bessere Leistungen.

(4) Kulturelle Faktoren: In letzter Zeit hat man den Schulleistungen asiatischer Kinder, insbesondere jenen, die in China, Singapur, Taiwan, Korea und Japan leben, vermehrt Aufmerksamkeit geschenkt. Im Vergleich zu amerikanischen

Kindern zeigen diese wesentlich bessere Leistungen in Mathematik. Experten gehen davon aus, daß dies weniger mit irgendwelchen angeborenen Faktoren zu tun hat, sondern eher ein Resultat spezieller Werte und Grundhaltungen dieser Kulturen ist. Während im Kindergartenalter die amerikanischen Kinder noch genauso gut abschneiden wie ihre asiatischen „Kollegen", nehmen die Leistungsunterschiede ab der ersten Klasse zu und werden danach immer gravierender. Die Intelligenzquotienten sind dagegen vergleichbar. Eine Ursache für die unterschiedlichen Schulleistungen ist wohl in der konfuzianischen Tradition zu finden. Asiatische Familien legen hohen Wert auf Disziplin und hartes Arbeiten. Schon von Kindern wird erwartet, daß sie in der Schule viel lernen und der Familie zu Ehren erfolgreich sind. Japanische Schüler verbringen sehr viel Zeit in der Schule. Der Unterricht dauert gewöhnlich acht Stunden pro Tag, und auch samstags findet für vier Stunden Unterricht statt. In den USA wird nur die Hälfte der Schulzeit mit akademischen Arbeiten verbracht, während in Japan 73 % und in China 90 % der Unterrichtszeit direkt für akademisches Arbeiten genutzt wird. Auch wenn man nun denkt, daß dieses Unterrichtssystem auf Kosten des psychischen und physischen Wohlbefindens der Kinder gehe, so scheint dies nicht der Fall zu sein. Gerade in den ersten Schuljahren wird sehr viel Wert darauf gelegt, daß sich die Kinder in der Schule wohl fühlen, wobei persönliche und soziale Werte stark betont werden. Anstelle der Förderung von Konkurrenzverhalten sind die Anstrengungen oft darauf gerichtet, gemeinsam Probleme zu lösen. Die Eltern sind in das Schulleben involviert, und die Hausaufgaben und Schulleistungen der Kinder haben einen zentralen Stellenwert. Dagegen verhalten sich amerikanische und (möglicherweise) auch deutsche Eltern oft ignorant bezüglich der schulischen Aktivitäten ihrer Kinder und beschweren sich allenfalls bei den Lehrern, wenn die Hausaufgaben mehr als eine Stunde in Anspruch nehmen.

(5) Intrinsische Motivation: Das Interesse für die schulischen Inhalte selbst ist ein weiterer wichtiger Faktor für schu-

lischen Erfolg. Nur dieses Interesse garantiert, daß ein Schüler auch dann noch weiterlernt, wenn er von außen keine Belohnung in irgendeiner Form erhält.[3] Auf das Konzept der intrinsischen Motivation werden wir im nächsten Abschnitt noch ausführlicher eingehen.

2. Ist ein hoher IQ Garant für beruflichen Erfolg?

Fast jeder kennt solche Fälle: Der Klassenprimus erweist sich im beruflichen Alltag als Niete, und der begriffsstutzige Schulkamerad, der sich mit Müh' und Not von einer Klasse zur nächsten durchgehangelt hat, wird zum Großverdiener.

Eigentlich ist dies nicht verwunderlich, wenn man die Aufgaben eines Intelligenztests mit den Anforderungen des praktischen Lebens vergleicht. Intelligenztestaufgaben sind sprachlich präzise und lassen nur *eine* mögliche Lösung und *einen* Lösungsweg zu. Aufgaben im Beruf werden dagegen oftmals vage formuliert, und es gibt häufig mehrere Lösungswege und -möglichkeiten. Zudem sind im Beruf ebenso andere Fähigkeiten von Bedeutung, die für die Lösung von Intelligenztestaufgaben keine Rolle spielen.

Zwar konnte man auch zeigen, daß der berufliche Status (gleichgültig, ob man Status als Einkommen oder als Prestige definiert) mit dem IQ hoch korreliert[4] (0.50–0.70), doch der Schluß, daß ein hoher IQ eine steile Karriere verspricht, ist voreilig. Man muß bedenken, daß möglicherweise der Schulerfolg der entscheidende Faktor ist, der die Qualität des Berufes festlegt. Der IQ würde dann dadurch, daß er positiv mit dem Schulerfolg korreliert, den beruflichen Status nur indirekt vorhersagen. Zudem läßt sich zeigen, daß, wenn erst einmal ein bestimmter beruflicher Status erreicht ist, man auf der Grundlage von Intelligenzwerten nicht mehr zwischen Personen unterscheiden kann, die im Beruf hervorragend sind, und solchen, die beruflich weniger erfolgreich sind.[5] Die Art des Berufes ist dafür entscheidend, wie gut bzw. wie hoch die Werte korrelieren. Für Personen, die im Verkauf oder im Handwerk tätig sind, zeigen sich relativ geringe Korrelationen zwischen IQ-Werten und Berufserfolg (0.00–0.19). Es gibt sogar negative Korrelationen zwischen IQ-Werten und solchen Berufsleistungen, die in erster Linie eine einfache Wiederholung von Arbeitsvorgängen erfordern. Dies ist möglicherweise ein Indiz dafür, daß ein hoher IQ ein Handicap für die Ausübung von Routinetätigkeiten darstellt. Relativ hohe Korrelationen von durchschnittlich 0.47 zwischen IQ-Werten und beruflicher Leistung liegen nur für Führungskräfte und Akademiker vor. Oft hört man deshalb die Behauptung, daß Intelligenztests so etwas wie „akademische Intelligenz" messen. Je mehr in einem Beruf akademische Anforderungen gefragt sind, desto höher fallen die Korrelationen aus. Genau aus diesem Grund korrelieren IQ-Werte auch eher mit den Leistungen in beruflichen Trainingsprogrammen als mit der tatsächlichen beruflichen Leistung. *Lothar Schmidt-Atzert* und *Bernhard Deter* (1993)[6] haben bei 1758 Auszubildenden untersucht, wie genau verschiedene Tests den Ausbildungserfolg prognostizieren. Auch sie kommen zu dem Ergebnis, daß ein Test, der bei einem Beruf den Erfolg gut vorhersagt, bei einem anderen Beruf wenig valide sein kann. Die bei einer Ausbildung erzielten theoretischen Noten lassen sich durch Tests ebenfalls besser prognostizieren als die Noten für den praktischen Teil der Ausbildung.

Wenn IQ-Tests oder ähnliche Verfahren zur Personalauswahl herangezogen werden, bleibt immer fraglich, wie gut sich solche Personen im Beruf bewährt hätten, deren Testwerte unter dem Einstellungskriterium lagen und die daher nicht zugelassen wurden. Normalerweise ist es nicht möglich, die berufliche Leistung jener zu erfassen, die aufgrund des Tests zurückgewiesen wurden. Ein Auswahlfehler der US-Armee, der vor einiger Zeit aufgedeckt wurde, erlaubt gerade darüber Aussagen zu treffen. Howard Gardner und seine Mitarbeiter berichten in einem kürzlich erschienenen Buch über diesen Fall.[7] Das amerikanische Militär verwendet eine spezielle Testbatterie, um jedes Jahr mehrere 10 000 Rekruten zu klassifizieren. Dieses Testverfahren enthält vier Untertests, die als Maß für die Intelligenz und das berufliche Entwicklungspotential gelten. Aufgrund eines Normierungsfehlers wurden zwischen 1976 und 1980 200 000 Personen, die aufgrund ihrer Testwerte normalerweise disqualifiziert worden wären, eingestellt. Durch einen ähnlichen Fehler gelangten zahlreiche Rekruten dann in berufliche Laufbahnen, die sie normalerweise nicht erreicht hätten.

Zeigten diese Leute im Beruf nun schlechtere Leistungen als die „korrekt" ausgewählten? Obwohl man aufgrund ihrer Testwerte prognostiziert hätte, daß die beruflichen Leistungen, die anhand einer Fehlerrate erfaßt wurden, schlechter ausfallen würden, zeigte sich, daß die fälschlich ausgewählten Rekruten nur unwesentlich mehr Fehler begingen als jene, die ein akzeptables Testergebnis erzielt hatten. Zwar gab es Hinweise darauf, daß die Leistungen der falsch selektierten Rekruten etwas niedriger ausfielen als die der korrekt klassifizierten, doch auch diese Personen erfüllten ihren Job.

Zusammengefaßt kann man wohl behaupten, daß die Intelligenz mit der Berufsleistung in gewisser Weise korreliert, doch andere Eigenschaften mindestens genauso wichtig sind, um beruflich erfolgreich zu sein.

Weitere Faktoren des beruflichen Erfolgs
Für Gardner und seine Mitarbeiter sind die folgenden vier Faktoren von entscheidender Bedeutung: Praktische Intelligenz, Arbeitsstile, Motivation und Teamarbeit.

(1) Praktische Intelligenz: Im wirklichen Leben wird man selten mit wohldefinierten Problemen, wie sie in Intelligenztestaufgaben zu finden sind, konfrontiert. Praktische Probleme sind oft dadurch charakterisiert, daß es mehrere Lösungsmöglichkeiten und Lösungswege gibt. Die praktische Intelligenz, die zur Lösung solcher Probleme beitragen kann, bezieht sich darauf, ob man einen „gesunden Menschenverstand" hat und in der Lage ist, diesen einzusetzen. Die Unterscheidung zwischen „Praktischer Intelligenz" und „Testintelligenz" findet sich auch im alltäglichen Sprachgebrauch wieder. Personen mit einer mutmaßlich hohen Testintelligenz werden oft als „intelligent" und diejenigen mit einer niedrigen

als „dumm" bezeichnet. Personen mit hoher praktischer Intelligenz charakterisiert man oft als „schlau" und solche, denen diese offenbar fehlt, als „naiv".

(2) Arbeitsstil: Wichtig für den beruflichen Erfolg ist auch der Arbeitsstil. Manche Personen verharren zu lange an einer Aufgabe. Sie erkennen nicht, daß sie das Ziel mit den ihnen zur Verfügung stehenden Mitteln nicht erreichen können und es am sinnvollsten wäre, die Tätigkeit abzubrechen und die Aufmerksamkeit anderen Aufgaben zuzuwenden. Andererseits gibt es aber auch solche Menschen, die sich nicht lange genug mit einer Aufgabe beschäftigen. Um ein gewisses Maß an Expertise in einem bestimmten Bereich zu erwerben, benötigt man jedoch oft viele Jahre. Erfolg bei der Arbeit hängt zudem von der Dauer ab, die eine Person in einem Team arbeitet. Es existiert die Auffassung, daß die maximale Stärke einzelner Teammitglieder erst nach 10–15 Jahren Teamzugehörigkeit voll entwickelt ist. Der besondere Erfolg japanischer Unternehmen wird teilweise darauf zurückgeführt. In Japan arbeiten Personen wesentlich länger in einer bestimmten Position als in den USA, wo man das Team oder die Stelle viel schneller wechselt.

(3) Motivation: Robert Sternberg[8] bringt das Motivationsproblem auf den Punkt: Wenn man einen Beschäftigten hat, dem die Fähigkeit für eine bestimmte Aufgabe fehlt, dann läßt sich im Normalfall eine andere Aufgabe finden, für die er geeignet ist. Fehlt ihm jedoch die Motivation, dann wird es nichts geben, was er in der Art und Weise oder in der Zeit macht, die man ihm vorgibt.

Oft werden zwei Arten der Motivation unterschieden: Extrinsische und intrinsische Motivation. *Extrinsische* Motivation bezieht sich auf den Wunsch, von „außen" mit Anerkennung, Ruhm oder Geld belohnt zu werden. Langfristig behindert extrinsische Motivation die Entwicklung der eigenen Fähigkeiten. *Intrinsische* Motivation ist immer dann im Spiel, wenn eine Person eine Aufgabe interessant findet und die Ausübung der Tätigkeit an sich als „belohnend" empfunden wird. Intrinsische Motivation findet sich oft bei Künstlern, die Bilder malen, obwohl sie nicht davon leben können, oder bei Dichtern, die Gedichte schreiben, die nicht publiziert werden. Intrinsisch motivierende Aufgaben sind dadurch gekennzeichnet, daß sie eine bestimmte Herausforderung bieten, die mit den Fähigkeiten einer Person in Einklang stehen. Diese Aufgaben dürfen weder zu einfach noch zu kompliziert sein. Zu leichte Aufgaben führen zur Langeweile, zu schwere rufen Angst hervor.

(4) Teamarbeit: Die Fähigkeit, im Team zu arbeiten, ist ein weiterer zentraler Erfolgsfaktor. Produktivität und Qualität eines Teams werden maßgeblich davon beeinflußt, wie gut die Zusammenarbeit funktioniert.

3. Sind intelligente Personen kreativer?

Schon *Aristoteles* unterschied zwischen zwei Denktypen, von denen der eine das beschreibt, was Forscher als wesentliche Eigenschaft für Kreativität ansehen: „nous poetikos" und „nous pathetikos". Der erste bezieht sich auf den schöpferischen Verstand, der zweite auf den eher passiven Verstand, der in bereits vorgegebenen Formen operiert.[9] Diese Unterscheidung ähnelt der Differenzierung zwischen konvergentem und divergentem Denken, die heute in der Psychologie getroffen wird.

Divergentes Denken ist das, was man im allgemeinen unter Kreativität versteht, nämlich die Fähigkeit, ungewöhnliche aber angemessene Problemlösungen zu finden. Unter *konvergentem Denken* versteht man die Fähigkeit, Informationen und Wissen hinsichtlich einer korrekten Problemlösung zu synthetisieren oder zusammenzubringen. Das kreative Denken ist per definitionem dadurch charakterisiert, daß neue oder originelle Ideen hervorgebracht werden. Entsprechend wurden Tests entwickelt, die versuchen, diese Form des Denkens zu erfassen. Auf diesem Gebiet war Guilford führend an der Entwicklung von Kreativitätstests beteiligt. Am Beispiel der Aufgaben, die in Kreativitätstests zur Anwendung kommen, wird deutlich, was unter Kreativität in der Psychologie verstanden wird.[10]

(1) Es gibt Testfragen, die sich auf die *Originalität* beziehen: Wer auf das Wort „Messer" das Wort „Zirkus" assoziiert, gilt – grob gesprochen – als origineller als jemand, der das Wort „Gabel" nennt.

(2) Andere Testfragen beziehen sich auf die *Flexibilität* des Denkens: Flexibilität ist notwendig, um Probleme aus verschiedenen Perspektiven betrachten zu können. Diese wird in Kreativitätstests z.B. dadurch gemessen, daß man auszählt, wie häufig die Testperson die Antwortkategorie wechselt. Auf die Frage nach den Verwendungsmöglichkeiten für einen Stein sollte der flexible Denker verschiedene Möglichkeiten aus unterschiedlichen Kategorien nennen (z.B. Gewicht, Baumaterial, Wurfgeschoß, Dekoration). Einem unflexiblen Denker fallen hier möglicherweise nur Verwendungsmöglichkeiten aus einer Kategorie, z.B. „Baumaterial", ein.

(3) Bei anderen Aufgaben wird die Testperson beispielsweise aufgefordert, Haushaltsgegenstände zu nennen und dann aufzuzählen, was an diesen Gegenständen verbesserungsbedürftig ist. Mit Fragen dieser Art soll ein weiteres Merkmal von Kreativität, nämlich die *Sensibilität* für Probleme, erfaßt werden. Nur jemand, der auf ein Problem aufmerksam wird, kann sich damit auseinandersetzen und verbesserte Lösungen anbieten.

(4) Fragen wie „Nenne möglichst viele eßbare rote Dinge" zielen auf die Leichtigkeit ab, mit der eine Person Ideen produziert. Es kommt hier darauf an, daß sie möglichst viele Dinge mit dieser Eigenschaft in einer bestimmten Zeit nennt. Gemessen wird dabei die *Flüssigkeit* des Denkens, die als weiteres Merkmal der Kreativität gilt.

Das divergente Denken, bei dem es auch auf das Erreichen einer Vielzahl möglicher Lösungen ankommt, bleibt in Intelligenztests weitgehend unberücksichtigt. Die meisten Intelligenztests, deren Aufgaben normalerweise eine eindeutige Lösung haben, erfassen eher das konvergente Denken. Betrachtet man die Fragen der Intelligenztests, dann ist es also nicht verwunderlich, daß der Intelligenzquotient eines Menschen kaum mit seiner Kreativität zusammenhängt und auch für das Lösen komplexer Probleme kaum Vorhersagekraft besitzt (vgl. Kap. VIII. 7).

Robert Weisberg[11] hat sich der Frage gewidmet, wodurch sich besonders kreative Menschen von weniger kreativen Menschen unterscheiden. Er kommt zu dem Schluß, daß langjährige Erfahrung und das Selbstvertrauen in ihre kreativen Bestrebungen die wesentlichen Eigenschaften kreativer Menschen sind. Kreativität und die ihr zugrundeliegenden Denkprozesse selbst sind für Weisberg nichts Besonderes. Die Prozesse, auf denen kreatives Denken basiert, werden von allen Menschen zur Lösung alltäglicher Probleme genutzt. Allerdings stimmt nicht jeder kognitive Psychologe dieser entmystifizierenden Ansicht über kreative Menschen zu.

4. Gibt es Intelligenzunterschiede zwischen verschiedenen Kulturen?

Die Frage, ob es Kulturen oder Personengruppen gibt, die intelligenter sind als andere, wurde schon zu Beginn der Intelligenzforschung aufgeworfen. Das Herausstellen möglicher Unterschiede in der psychometrischen Intelligenzleistung halten wir nicht per se für fragwürdig. Umstritten sind solche Vergleiche allerdings dann, wenn sie herangezogen werden, um der Vererbungstheorie, die von der genetischen Determination der Intelligenz ausgeht, Nahrung zu liefern und darüber hinaus politische Maßnahmen zu rechtfertigen. Wie schon in Kap. VI. 2 beschrieben, führte ein solches Vorgehen zur Zurückweisung zahlreicher jüdischer, italienischer und russischer Immigranten, da „geistig Minderbemittelten" die Einreise in die USA verwehrt werden sollte.

Eine Studie von *Seymour Sarason* und *John Doris*[12] demonstriert exemplarisch, wie schwierig es ist, aufgrund von IQ-Testwerten auf unterschiedliche kognitive Fertigkeiten zu schließen. Die Forscher verfolgten die IQ-Entwicklung einer speziellen Einwanderungspopulation in den USA, den Italo-Amerikanern. Vor weniger als hundert Jahren zeigte diese

Gruppe unterdurchschnittliche IQ-Werte selbst dann, wenn sogenannte „sprachfreie" Tests verwendet wurden, die den Anspruch hatten, Intelligenz kulturfrei zu erfassen. Die niedrigere Intelligenz dieser Personen wurde von zeitgenössischen Forschern genetischen Faktoren zugeschrieben. So war beispielsweise *Henry Goddard* im Jahre 1917 der Ansicht, daß die meisten italienischen Immigranten intellektuell minderbemittelt seien. Dasselbe träfe auch für Juden, Ungarn und Russen zu. Neuere Untersuchungen, die *Stephen Ceci*[13] 1991 publizierte, zeigten, daß die folgenden Generationen der italienischen Immigranten eher überdurchschnittliche Intelligenzwerte aufwiesen. Auch andere ethnische Gruppen hatten so hohe IQ-Zuwächse, daß diese aufgrund der kurzen Zeitspanne unmöglich genetischen Aspekten zugeschrieben werden können. Plausibler ist die Erklärung, daß die gemeinsame schulische Erziehung und die identischen kulturellen Rahmenbedingungen zu einer Angleichung der Intelligenztestwerte führten.

Amerikanische Untersuchungen haben allerdings auch immer wieder belegt, daß der IQ von Schwarzen etwa 10 bis 15 Punkte unter dem IQ der Weißen mit ähnlicher Herkunft und Bildung liegt.[14] Beim Vergleich der intellektuellen Fähigkeiten von Schwarzen und Weißen zogen Vererbungstheoretiker die möglichen Umweltaspekte oftmals gar nicht in Betracht. Es ist jedoch zu bedenken, daß viele Faktoren, die ihrerseits den IQ beeinflussen können, oft mit der Zugehörigkeit zu einer spezifischen Bevölkerungsgruppe einhergehen: Häufig leben die Schwarzen in Amerika unter ungünstigeren Umweltbedingungen als die Weißen. In diesem Sinne belegte eine groß angelegte Studie, in der mehr als 26 000 Kinder getestet wurden, daß man anhand des Bildungsstandes der Mutter und des sozioökonomischen Status der Familie die Intelligenz schwarzer und weißer Kinder sehr gut vorhersagen kann.[15] Aufschluß erhoffte man sich auch durch die Untersuchung schwarzer Adoptivkinder in weißen Familien. Wurden schwarze Kinder schon als Säuglinge in weiße Mittelklassefamilien adoptiert, dann stieg auch der IQ dieser Kinder über den Durchschnittswert von 100 an. Je jünger das Alter der Kinder zum Zeitpunkt der Adoption, desto höher war der IQ im Vergleich zu später adoptierten Kindern. Manche Autoren folgern daraus, daß schwarze Kinder die gleichen intellektuellen Leistungen erbringen wie ihre weißen Altersgenossen, wenn sie in Umgebungen aufwachsen, in denen sie intellektuell gefördert werden.[16] Doch auch dann, wenn schwarze Kinder mit weißen Adoptiveltern in den USA geringere Intelligenzleistungen erbringen würden als weiße Kinder mit weißen Adoptiveltern, könnte man daraus nicht schließen, daß Schwarze „dümmer" als Weiße seien. Beispielsweise wäre in diesem Fall zu prüfen, ob die Umgebung in den USA generell anders mit Schwarzen umgeht und ein Kind sich dieses Unterschiedes bewußt wird, was dann wiederum Einfluß auf die Entwicklung der Intelligenz haben könnte (sogenannter Pygmalion-Effekt, vgl. Kap. VIII. 1).

Doch auch heute gibt es Vertreter des erbtheoretischen Standpunktes. So versucht z. B. Eysenck in seinem Buch „The IQ argument: Race, intelligence and education" anhand zahlreicher Studien nachzuweisen, daß der IQ von in Amerika lebenden Schwarzen generell niedriger als der IQ der Weißen ist und daß dies genetisch bedingt ist. Diese intellektuelle Unterlegenheit sei angeboren, da sie in allen sozioökonomischen Schichten nachweisbar sei. Schon bei Kindern, die ihr erstes Lebensjahr noch nicht vollendet haben, zeige sich, daß schwarze Kinder in Untersuchungen, die schnelle Reaktionszeiten erfordern, deutlich langsamer reagierten als weiße Kinder. Dieser Sachverhalt kann natürlich viele verschiedene Ursachen haben und nicht zwingend als Argument für vererbte Intelligenzunterschiede gelten.

Noch schwieriger, wenn nicht gar unmöglich, erscheint der Vergleich der intellektuellen Fähigkeiten von Menschen, die in unterschiedlichen Kulturen aufwachsen. Weder Intelligenztests noch andere Leistungstests sind kulturunabhängig. Auch bei Tests, die ursprünglich darauf ausgelegt waren, die Intelligenz sprachfrei und unabhängig von der Nationalität zu erfassen (z. B. „Standard Progressive Matrices" von J. C. Raven), ist die Kulturunabhängigkeit nur in einem sehr eingeschränkten Sinne gegeben. Selbst hier werden zahlreiche kulturelle

Konventionen und Gewohnheiten vorausgesetzt. Betrachtet man im Sinne Sternbergs Intelligenz als eine zielgerichtete Anpassung an die für das Leben des Individuums relevante Außenwelt, dann ist es nicht möglich, diesen Vergleich auf einen einzigen Bezugsrahmen zu orientieren. Prinzipiell müßten Mitglieder einer Kultur an den Standards gemessen werden, die in der jeweiligen Gesellschaft als intelligent erachtet werden. Verhalten, das beispielsweise für Europäer als intelligent gilt, kann den Mitgliedern eines afrikanischen Stammes als unintelligent erscheinen.

Menschen unterschiedlicher Kulturen haben ganz unterschiedliche Auffassungen darüber, was sie als „intelligent" bezeichnen. *Michael Cole*[17] konnte dies mit einer interessanten Untersuchung belegen. Er konfrontierte Bewohner eines afrikanischen Stammes mit einer einfachen Sortieraufgabe. Es handelte sich um das Einordnen von Wörtern in sinnvolle Kategorien. Wörter wie *Vogel, Fisch, Kleid, anziehen, essen, Tier* etc. wurden vorgegeben. Intelligente Personen unseres Kulturkreises sortieren solche Begriffe spontan im Sinne einer hierarchischen Ordnung. So werden die Begriffe Vogel und Fisch dem übergeordneten Begriff Tier zugeordnet. Im Gegensatz dazu tendieren weniger intelligente Personen dazu, die Begriffe hinsichtlich ihrer Funktion zu sortieren. So ordnen sie *Fisch* dem Begriff *essen* und *Kleid* dem Begriff *anziehen* zu. Die afrikanischen Stammesbewohner sortierten spontan ebenfalls die Begriffe hinsichtlich ihrer Funktion. Wurden sie aufgefordert, die Begriffe so zu sortieren, wie es eine „dumme" Person tun würde, dann sortierten sie die Begriffe hierarchisch. Die afrikanischen Stammesbewohner waren also durchaus in der Lage, Begriffe in eine hierarchische Ordnung zu bringen. Sie taten es jedoch nicht, weil sie es für „dumm" hielten.

Vermutlich ist es unmöglich, einen Test zu entwerfen, der als „culture free" oder zumindest als „culture fair" bezeichnet werden kann. Angehörige unterschiedlicher Kulturen haben eben unterschiedliche Ansichten darüber, was „intelligent" ist. Es gibt deshalb Forscher, die die Auffassung vertreten, es sei erforderlich, kulturspezifische IQ-Tests zu entwickeln.

5. Gibt es Intelligenzunterschiede zwischen Männern und Frauen?

Die Frage der intellektuellen Gleichwertigkeit von Männern und Frauen ist sehr alt. Zu Beginn dieses Jahrhunderts veröffentlichte der damals sehr bekannte Neuropathologe *Paul Möbius* (1900)[18] in Leipzig eine Abhandlung mit dem Titel „Über den physiologischen Schwachsinn des Weibes", in der er sich über die angebliche körperliche und intellektuelle Unterlegenheit der Frauen äußerte.

Bei Frauen würde das Verhalten, so Möbius, überwiegend durch den Instinkt gesteuert: „Wie die Thiere seit undenklichen Zeiten immer dasselbe thun, so würde auch das menschliche Geschlecht, wenn es nur Weiber gäbe, in seinem Urzustand geblieben sein. Aller Fortschritt geht vom Manne aus". Ein weiteres Merkmal der Unterlegenheit der Frauen bestünde darin, daß sie stärkere Affekte zeigten und nicht imstande seien, sich selbst zu beherrschen: „Wäre das Weib nicht körperlich und geistig schwach, wäre es nicht in der Regel durch die Umstände unschädlich gemacht, so wäre es höchst gefährlich." Produktivität, Erfindungen und das Schaffen neuer Methoden gehe den Frauen ab. Selbst auf Gebieten, die ihnen stets offengestanden hätten wie z. B. die Musik oder die Malerei, zeige sich, laut Möbius, der Mangel an schöpferischer Phantasie. Weibliche Dichter seien nicht originell, und selbst in der Kochkunst und in der Mode rührten die Erfindungen von Männern her. Von Natur aus sei die Frau für die Mutterschaft prädestiniert, während ihr die männliche Geisteskraft versagt geblieben sei. Und nicht nur das: Die geistige Ausstattung der Frauen sei nicht nur karger, sie gehe auch mit zunehmendem Alter rascher verloren als die Geisteskraft der Männer. Alle geistigen Fähigkeiten einer Frau seien auf das Ziel ausgerichtet, einen geeigneten Mann zu finden. Sei dieses Ziel erst mal erreicht, dann verliere die Frau rasch die Fähigkeiten, die sie früher besaß: Sie „versimple" oft schon in den ersten Jahren der Ehe oder nach einigen Wochenbetten. Männer dagegen würden ihre geistigen Fähigkeiten bis ans Lebensende behalten.

Die Ausführungen von Möbius riefen schon damals heftige Reaktionen hervor, doch auch heute scheinen einige der damals hervorgebrachten Vorurteile noch nicht ganz überwunden zu sein. Daß Frauen dümmer sind als Männer, würde man heute wohl nicht mehr behaupten.

Wie verhält es sich denn tatsächlich mit der angeblichen intellektuellen Verschiedenheit von Männern und Frauen? Gibt es überhaupt Unterschiede? Generell lassen sich keine bedeutsamen Intelligenzunterschiede bei Männern und Frauen feststellen. Allerdings gibt es spezielle Aufgaben, bei denen Männer und Frauen unterschiedlich gut abschneiden. Dies wurde schon zu Beginn der Intelligenzforschung festgestellt. Binet und Terman versuchten diese Unterschiede in ihren Tests dadurch zu kontrollieren, indem sie entweder gleich viele Aufgaben, die von Männern oder Frauen besser gelöst wurden oder nur geschlechtsneutrale Aufgaben in ihren Tests verwendeten. Dieser Trend der Testkonstruktion hat sich bis heute fortgesetzt, so daß es – global gesehen – keine Intelligenzunterschiede gibt.

Folgende Aussagen über Unterschiede bei speziellen Aufgaben scheinen jedoch Gültigkeit zu beanspruchen:

(1) Männer verfügen über ein besseres räumliches Vorstellungsvermögen und erbringen bei Aufgaben, die mathematisches Schlußfolgern erfordern, etwas bessere Testleistungen als Frauen.

(2) Frauen schneiden bei Aufgaben, die die sprachliche Intelligenz und die Wahrnehmungsgeschwindigkeit erfassen, besser ab.

Beispiele für die unterschiedlichen Aufgabentypen sind in Abbildung 9 dargestellt.[19]

Bis heute ist unklar, ob diese Unterschiede auf biologische, kulturelle oder auf beide Einflußgrößen zurückzuführen sind.

Wir möchten an dieser Stelle aber noch auf eine andere Frage eingehen, der in der experimentellen Psychologie nachgegangen wurde. Sie bezieht sich darauf, ob die Prozesse zur Verarbeitung räumlicher Vorstellungsbilder bei Männern anders ablaufen als bei Frauen. Dazu betrachten wir als Beispiel

Aufgaben, die Frauen besser lösen	**Aufgaben, die Männer besser lösen**

Wahrnehmungsgeschwindigkeit:
Finden Sie das Haus auf der rechten Seite, das dem Haus auf der linken Seite entspricht.

Räumliche Beziehungen:
In das gefaltete Papier wurde ein Loch gestanzt. Wie sieht das Papier aus, wenn man es auseinanderfaltet?

 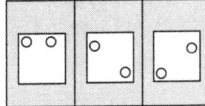

Verbal Fluency:
Finden Sie ein Wort, das mit dem Buchstaben S beginnt, aber nicht in der rechten Wortliste vorkommt.

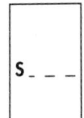

Salz, Staat, Sarg, Sumpf, Sohn, Seife, Stolz, Stein, Sonntag, Suppe, Sucht, Solo, Sieb, Stirn, Stab

Mathematisches Schlußfolgern:
Schreiben Sie in das linke Feld die Antwort der folgenden Aufgabe.

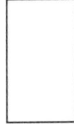

Wenn ein Arbeiter drei Stunden für das Verlegen von 20 Quadratmetern Fliesen benötigt, wie lange brauchen dann 6 Arbeiter?

Antworten:
Das rechte Haus; Senf oder jedes andere Wort mit S am Anfang, das nicht in der Wortliste vorkommt.

Antworten:
Das mittlere Blatt; eine halbe Stunde.

Abb. 9: Aufgabentypen, bei denen sich Männer und Frauen in ihren Testleistungen unterscheiden (nach Fernald, 1997, S. 431).

folgendes Experiment.[20] Den Personen wird die Abbildung eines dreidimensionalen und die Abbildungen von vier weiteren dreidimensionalen Objekten gezeigt (vgl. Abb. 10).

Zwei dieser vier Objekte können in das Zielobjekt (links in der Abbildung) durch gedankliche Rotation überführt werden. Die Versuchspersonen sollen sagen, welche dieser Objekte mit dem Zielobjekt identisch sind. Bei solchen Aufgaben zeigt sich folgendes Ergebnis:

(1) Männer lösen solche Aufgaben schneller als Frauen.
(2) Generell dauert die Lösung einer solchen Aufgabe um so länger, je größer die Drehung ist, die eine Person gedanklich zu vollziehen hat.

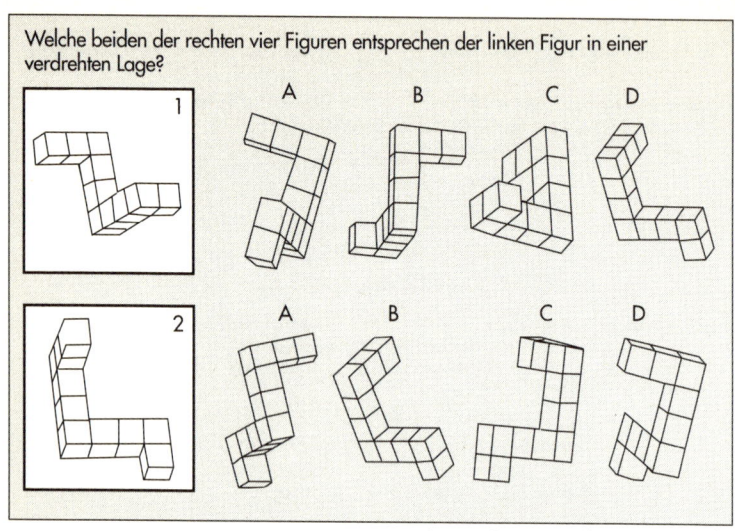

Abb. 10: Aufgabenbeispiel zur mentalen Rotation.

Die mentale Rotation von Objekten scheint analog zur physikalischen Rotation zu erfolgen.[21] Man kann experimentell zeigen, daß die Reaktionszeiten annähernd den Voraussagen eines Algorithmus entsprechen, der aus vier Verarbeitungsphasen besteht: In Phase 1 werden die Objekte enkodiert (im Gedächtnis gespeichert). In Phase 2 wird eines der Objekte mental so gedreht, daß es dieselbe Position einnimmt wie das Vergleichsobjekt. In Phase 3 wird das geistig gedrehte Objekt mit dem Vergleichsobjekt verglichen, um zu prüfen, ob es mit diesem identisch ist. Das Ergebnis dieses Vergleiches führt in Phase 4 zur Reaktion der Versuchsperson, die entweder „Gleich" oder „Verschieden" lautet.

Es ließ sich zeigen, daß Männer und Frauen denselben Algorithmus anwenden, um zu einem Vergleichsurteil zu gelangen. Der Vorteil der Männer bei solchen Aufgaben besteht darin, daß sie die mentale Rotation schneller vollziehen als Frauen. Die Zeit, die für die übrigen Komponenten benötigt wird, ist bei Männern und Frauen annähernd gleich. Die grundlegenden Verarbeitungsprozesse sind also offenbar identisch. Der geschlechtstypische Unterschied findet sich nur in einer Komponente.

Auf die Frage, worauf diese Unterschiede zurückzuführen sind, gibt es keine eindeutige Antwort. Tatsache ist, daß diese Unterschiede im Verarbeiten räumlicher Informationen erst nach der Pubertät zu finden sind. Eine Theorie geht davon aus, daß hormonelle Veränderungen zu Unterschieden im zentralen Nervensystem bei Jungen und Mädchen führen, die dann die besseren Leistungen der Jungen bei Aufgaben zur Raumvorstellung zur Folge haben. Diese hormonellen Veränderungen seien für eine stärkere Spezialisierung der rechten und linken Hirnhälfte bei Männern verantwortlich. Die höhere Spezialisierung der rechten Hirnhälfte, die für das Verarbeiten räumlicher Informationen zuständig ist, sei eine wesentliche Voraussetzung für die etwas bessere Leistung von Männern auf diesem Gebiet.

6. Besteht ein Zusammenhang zwischen Intelligenz und besonderen Fähigkeiten?

Die Höhe des IQ sagt zunächst einmal nichts darüber aus, ob ein Mensch bestimmte Spezialbegabungen aufweist oder nicht. Sicher gibt es viele Personen, die spezielle Fähigkeiten (Expertise) haben und gleichzeitig über einen hohen Intelligenzquotienten verfügen. Interessant ist aber gerade der umgekehrte Fall, der als „Savant-Syndrom" bezeichnet wird. Die Personen, die darunter leiden, werden *Idiot-Savants* („gelehrte Schwachköpfe") genannt. Idiot-Savants weisen in einem speziellen Bereich außergewöhnliche Fähigkeiten auf, obwohl sie geistig behindert sind und Intelligenzquotienten von 40 bis höchstens 80 Punkten erzielen.

Über die Auftretenshäufigkeit des Syndroms gibt es keine verläßlichen Angaben. Man geht davon aus, daß das Syndrom bei etwa 6 von 10 000 geistig Behinderten und sogar bei 10 von 100 Autisten (Personen mit gestörtem Kontakt zur Außenwelt) beobachtet werden kann. Von den Fällen, die spektakuläre Spezialbegabungen aufweisen, wurden in den letzten hundert Jahren weniger als 100 dokumentiert. Unter den Savants lassen sich zwei Gruppen unterscheiden. Zum einen gibt es Savants, die verglichen mit ihren sonstigen Fähigkeiten auf einem Gebiet besonders talentiert sind, zum anderen solche, die eine spektakuläre Fähigkeit aufweisen, an die selbst Nicht-Behinderte nicht heranreichen. Wir beziehen uns hier auf den zweiten Fall. Weibliche Savants sind selten. Das Verhältnis von Männern zu Frauen mit Savant-Syndrom liegt bei 6:1. Meistens liegen die Spezialbegabungen im musischen und rechnerischen Bereich. Unter den Savants befinden sich Rechenkünstler, die beispielsweise in kurzer Zeit mehrstellige Zahlen multiplizieren oder addieren können. Die musikalische Begabung drückt sich z.B. darin aus, daß einige Savants auf dem Klavier Musikstücke nachspielen können, die sie nur einmal gehört haben.

Eine andere Fähigkeit, die oft mit diesem Syndrom in Verbindung gebracht wird, ist das „Kalenderrechnen". Hier geht es darum, den Wochentag zu berechnen, auf den ein bestimmter Tag eines Jahres fällt. Bekannt wurden die Fähigkeiten der Zwillinge George und Charles (Pseudonyme), die, vermutlich infolge einer Frühgeburt, einen Hirnschaden erlitten hatten. Beide verfügten über erstaunliche Fähigkeiten. Schon mit sechs Jahren verbrachte George viel Zeit damit, sich mit einem immerwährenden Kalender auseinanderzusetzen. Sein Bruder interessierte sich erst ab dem neunten Lebensjahr dafür. Im Alter von vierundzwanzig Jahren war George in der Lage, 292 von 302 Fragen über Tage und Daten aus der Vergangenheit und aus der Zukunft korrekt zu beantworten.

Es liegen auch einige Fallstudien über Savants mit künstlerischer Spezialbegabung vor. So wird der Fall von Alonzo Clemons beschrieben, dessen Skulpturen für etwa 3000 Dollar gehandelt werden.[22] Ein Kunstwerk brachte sogar 45000 Dollar ein. Bei den meisten seiner Werke handelt es sich um Tierskulpturen. Oft genügt Clemons ein flüchtiger Blick auf das Modell, um es detailgenau aus dem Gedächtnis nachzubilden. Clemons erlitt im Alter von drei Jahren eine Hirnverletzung, die zu einer starken Beeinträchtigung seiner Entwicklung führte. Im Gegensatz zu seinen beeindruckenden künstlerischen Leistungen liegt sein IQ bei 40 Punkten, und sein Wortschatz ist auf einige hundert Wörter begrenzt.

Ferner gibt es Savants, die über erstaunliche Gedächtnisleistungen verfügen, und solche, deren sensorische Unterscheidungsfähigkeit im Geschmacks- oder Geruchssinn besonders ausgeprägt ist.

Die Wissenschaft steht bei der Erklärung dieses Phänomens vor einem Rätsel.[23] So wurde diskutiert, ob die Anlage zur Entwicklung spezieller Fähigkeiten ererbt sei. Bei einigen Savants scheinen *Erbfaktoren* eine Rolle zu spielen, bei anderen jedoch nicht. Auch das Vorhandensein eines *eidetischen* oder *photographischen Gedächtnisses* kann nicht als generelle Erklärung für das Syndrom herangezogen werden, da es auch blinde Savants gibt.

Eher akzeptiert ist die Erklärung, daß die *sensorische Deprivation* (Entzug sinnlicher Reize), unter der die meisten Savants leiden, eine entscheidende Komponente bei der Entwicklung der Fähigkeiten spielt. Die Entwicklung spezieller Fähigkeiten wird hier als natürliche Konsequenz sensorisch deprivierter Individuen angesehen, auf die normalerweise unterschiedliche und miteinander konkurrierende Reize einströmen würden. Ein beeinträchtigter sensorischer Input in einer oder mehreren Sinnesmodalitäten kann zur Folge haben, daß sich die intakten Sinnesorgane besser entwickeln, da weniger Störreize aus anderen Modalitäten ihre Wirkung entfalten können (z.B. Blinde, die einen besonders guten Tastsinn entwickeln).

Möglicherweise ist auch das Erfolgserlebnis, das der Savant erlebt, für die Entwicklung einer außergewöhnlichen Fähigkeit mitverantwortlich. *Verstärkungsmechanismen*, die die Weiterentwicklung einer speziellen Fertigkeit fördern, können der Umwelt entstammen oder auch einem inneren Gefühl.

Andere Erklärungsansätze führen das Syndrom auf die *Dominanz der rechten Hirnhemisphäre* zurück. Dieser Erklärungsansatz berücksichtigt jedoch jene Savants nicht, deren Spezialbegabung im rechnerischen Bereich liegt. Mathematische Begabung oder Kalenderrechnen ist bei Rechtshändern normalerweise mit der linken Hemisphäre verknüpft.

Eine endgültige Erklärung des Syndroms gibt es nicht. Vermutlich ist das Savant-Syndrom zu komplex, um es allein auf organische oder umweltbedingte Faktoren zurückführen zu können.

Die Antwort auf die in der Überschrift gestellte Frage könnte man daher wie folgt beantworten: Es gibt keinen Zusammenhang zwischen einem globalen Intelligenzquotienten und der Expertise in einem Gebiet. Dies wird insbesondere bei Personen offensichtlich, die eine hohe Expertise in einem bestimmten Bereich aufweisen und gleichzeitig über einen niedrigen Intelligenzquotienten verfügen.

7. Können intelligente Personen besser komplexe Probleme lösen?

Wie bereits in Kap. III. 4 berichtet wurde, hat sich unter der Bezeichnung „Komplexes Problemlösen" ein alternativer Zugang zur Intelligenzdiagnostik entwickelt, der den Umgang von Personen mit komplizierten computersimulierten Szenarien in den Vordergrund rückte. Dabei wurde natürlich auch der Frage nachgegangen, ob testintelligente Personen komplexe Probleme besser lösen können.

Wie gut Personen mit komplexen Problemen zurechtkommen, scheint unabhängig von ihrer Leistung in Intelligenztests zu sein. Woran liegt das? Anders als bei Intelligenztestaufgaben ist die Problemstellung in einem computersimulierten Szenario oft unklar und das zu erreichende Ziel nicht eindeutig definiert. Von der Versuchsperson wird zudem erwartet, daß sie das Szenario durch aktives Eingreifen erkundet und Informationen abfragt. Außerdem spielen die Intransparenz der Problemstruktur, der verwendete Maßstab, an dem die Güte der Problemlösung eingestuft wird, sowie Persönlichkeitseigenschaften der Versuchsperson eine Rolle. Was jeweils in erster Linie für diese geringe Korrelation von Problemlösungsgüte und Intelligenztest verantwortlich ist, mag für die jeweiligen Szenarien verschieden sein. Bei dem in Kap. III. 4 erwähnten *Lohhausen*-Spiel wirkt sich eine geringe Selbstsicherheit der Versuchsperson bezüglich der Einschätzung ihrer Kompetenz und eine damit verbundene gesteigerte Angst vor Mißerfolg negativ auf die Problemlösung aus. Solche Personen tendieren zu schnellem und unüberlegtem Handeln. Die Höhe der Intelligenz und die Kreativität einer Person haben dagegen keinen Einfluß auf den Erfolg beim Bürgermeisterspiel.

In anderen Simulationen wurde jedoch ein Zusammenhang der Problemlösegüte und der Testintelligenz gefunden, z.B. dann, wenn das Problem sich durch eine geringere Komplexität und eine erhöhte Transparenz auszeichnete. Manchmal genügt offenbar auch eine andere Leistungsbewertung (Wahl anderer Kriterien) für die Lösung des Problems, um zu zeigen, daß es Zusammenhänge zwischen Testintelligenz und Problemlösegüte gibt. Aus heutiger Sicht kann daher kein generelles Urteil darüber abgegeben werden, in welcher Beziehung allgemeine Intelligenz und die Fähigkeit, komplexe Probleme zu lösen, stehen.[24] Für spezifische Intelligenzaspekte, wie z.B. die Verarbeitungskapazität (gemessen mit dem BIS, vgl. Kap. III. 1), ist dagegen eine bedeutsame Vorhersagekraft auf Leistungen beim komplexen Problemlösen nachgewiesen worden.[25]

IX. Förderung der Intelligenz

Angesichts der Tatsache, daß Umweltfaktoren die Ausprägung
der Intelligenz in nicht unbeträchtlichem Ausmaß beeinflussen, verwundert es wohl kaum, daß man sich viele Gedanken
zu ihrer Förderung durch entsprechende Trainingsprogramme
gemacht hat. Angesichts des Sputnik-Schocks[1] wurde Anfang
der sechziger Jahre in den USA ein großes Frühförderpro-
gramm namens „Head Start" aufgelegt, mit dem die intellektuellen Fähigkeiten intensiver ausgebildet werden sollten, um
sich im Wettstreit der Systeme besser behaupten zu können.
Das zwischenzeitlich eingestellte Vorhaben erlebt heute wieder eine interessante Neubewertung: Aktuellen Studien aus
den neunziger Jahren zufolge zeigen sich nun doch Langzeit-
effekte des damaligen Förderprogramms.

1. Intelligenzförderprogramme

Die Möglichkeit einer Intelligenzsteigerung lockt nicht nur
diejenigen an, die mit einem Förderprogramm die Chancen
benachteiligter Personen möglichst frühzeitig im Entwick-
lungsverlauf der Betreffenden verbessern wollen. Diese Frage
berührt natürlich auch den Problembereich der Konstanz und
Stabilität von Intelligenz innerhalb einer Person. Eine Frage,
die von Anhängern einer Position der genetischen Vorbe-
stimmung klar in dem Sinne beantwortet wird, daß angesichts
der genetischen Determination jeder Versuch einer Beeinflus-
sung des Intelligenzniveaus von vornherein zum Scheitern
verurteilt sein müsse.

Tatsächlich wird immer wieder von positiven Effekten schulischer, vorschulischer oder auch betrieblicher Förderprogram-
me berichtet, doch bleibt hierbei unklar, ob es sich tatsächlich
um eine Steigerung der Intelligenz handelt oder ob nur ein bestimmter Indikator durch Training verbessert wurde. Außerdem stellt sich die Frage nach der Langfristigkeit derartiger
Effekte, wenn sie denn tatsächlich eingetreten sein sollten.

Verschiedene Förderansätze

Zunächst soll ein kleiner Überblick über verschiedene Förderansätze gegeben werden. In einem 1993 erschienenen Beitrag unterscheidet *Karl Josef Klauer* fünf verschiedene Ansätze zur Entwicklung von Trainingsprogrammen.[2]

Ein erster Ansatz besteht darin, Trainingsaufgaben zu entwerfen, die zwar nicht identisch mit den eigentlichen Testaufgaben sein dürfen, aber doch in ihren Anforderungen diesen sehr ähnlich sind. Das in den USA verbreitete Förderprogramm zum „Intellectual Enrichment", von Feuerstein 1980 vorgelegt, folgt diesem Gedanken, der in seinem Kern besagt: Schwimmen lernt man durch Schwimmen, Denken lernt man durch Denken.

Ein zweiter Ansatz versucht, solche Bereiche zu trainieren, die mit der zu trainierenden Fähigkeit in engem korrelativen Zusammenhang stehen. Wenn etwa die Fähigkeit zum Problemlösen stark durch die Gedächtniskapazität beeinflußt wird, dann kann man Problemlösen verbessern, indem man die Gedächtnisleistungen trainiert.

Ein dritter Ansatz stellt eine spezifische Trainingsmethode in den Vordergrund, deren Anwendung unabhängig von den Inhalten einen Trainingserfolg garantieren soll. Als Beispiele hierfür können die *Methode des Brainstormings* zum Erzeugen kreativer Lösungsvorschläge oder die *Methode der Orte* zum Einprägen längerer Listen (von Personen, Gegenständen, usw.) im Gedächtnis genannt werden.

Etwas komplizierter wird es, wenn man einen Trainingsansatz über die Analyse kognitiver Prozesse gestalten will, die der zu trainierenden Leistung zugrunde liegen. Wenn auf diesem Weg wichtige Komponenten etwa für bestimmte, komplexere Denkleistungen eruiert werden, lassen sich diese einzelnen Elemente separat trainieren und sollten so zu Leistungssteigerungen führen. Schwierig an diesem Ansatz ist allerdings schon die zentrale Frage, ob man seine Analyse des Prozeßgeschehens auf den kognitiven Prozessen von Anfängern oder auf den gänzlich anders ablaufenden Prozessen von Experten gründen soll.

Ein letzter Ansatz stammt aus dem Bereich der Instruktionspsychologie und bestimmt zunächst einmal die Differenz zwischen dem Ist-Zustand auf seiten der zu trainierenden Person und dem gewünschten Soll-Zustand. Der so ermittelte Lehrstoff muß dann in angemessene Segmente zerlegt und in eine lernpsychologisch vernünftige Abfolge gebracht werden.

Im deutschsprachigen Bereich ist mit dem „Denktraining für Kinder" von *Klauer* ein Förderprogramm vorgelegt worden, mit dem sich das „induktive Denken" von Kindern im Alter von fünf bis acht („Denktraining I") bzw. zehn bis dreizehn Jahren („Denktraining II") verbessern läßt.[3] Unter induktivem Denken wird dabei die Entdeckung von Regelhaftigkeiten verstanden, wie sie in vielen Subskalen von Intelligenztests (vgl. Kap. III. 1) erfaßt werden (z.B. Wortklassifikation, Figurenklassifikation, Figurenanalogien). Diese Regelhaftigkeiten können durch die Überprüfung der Gleichheit bzw. Verschiedenheit von Merkmalen und deren Relationen entdeckt werden.

Die Frage, was bei diesem Förderprogramm den genauen Wirkfaktor ausmacht, ist derzeit Gegenstand kontroverser Diskussionen.[4] Für uns erscheint eine derartige Diskussion angesichts des berichteten Erfolgs dieses Trainings allerdings eher von akademischer Natur. Aus theoretischer Sicht ist natürlich interessant, was genau die Wirkfaktoren sind – aus Sicht des Anwenders tritt diese Frage dagegen in den Hintergrund zugunsten der Tatsache, daß Leistungssteigerungen als Konsequenz des Trainings unbestritten sind.

2. Hochbegabung

Hochbegabt sind nach den Standards psychometrischer Intelligenzkonzeptionen solche Personen, deren IQ den Wert von 130 (= die besten 2 % der Normgruppe) bzw. 140 (= die besten 1 % der Normgruppe) Punkten übersteigt. Schon an dieser Bemerkung kann man ablesen, daß eine Grenze mit entsprechender Willkür gezogen wird. Wo man sie auch immer ansiedelt: Faktum bleibt, daß eine geringe Zahl von Personen über herausragende Fähigkeiten beim Bearbeiten von Intelligenztests verfügt und daher hochbegabt genannt werden darf. Der IQ-Wert wird dabei als ein globales Maß intellektueller Begabung angesehen.

Obwohl diese Hochbegabung bereits in frühen Entwicklungsphasen erkennbar wird, ist zu ihrer vollen Entwicklung eine entsprechende Förderung nötig. Wenngleich es seit rund hundert Jahren eine psychologische Hochbegabtenforschung gibt, konzentrierte sich diese doch in der Hauptsache auf die möglichst frühe Entdeckung solcher herausragenden Leistungen durch entsprechende psychometrische Verfahren (psychometrischer Ansatz). Erst in jüngerer Zeit hat man sich mit den Prozessen beschäftigt, die diesen Leistungen zugrunde liegen (kognitionspsychologischer Ansatz).

Nach heutiger Meinung[5] ist von einem multifaktoriellen Bedingungsmodell der Hochbegabung auszugehen. Danach ist Leistungsexzellenz in Bereichen wie Mathematik, Naturwissenschaft, Sprachen oder Musik bedingt durch ein Wechselspiel zwischen Persönlichkeitsmerkmalen (z. B. Leistungsmotivation, Anstrengungsbereitschaft, Kontrollüberzeugung), Begabungsfaktoren (z. B. Intelligenz, Kreativität, Musikalität) und Umweltmerkmalen (z. B. Anregungsgehalt der häuslichen Umwelt, Bildungsniveau der Eltern, Familienklima, Unterrichtsklima). In einer Modellvorstellung des Psychologen *F. Gagné* werden auf der Dispositionsseite allgemeine und spezifische Begabungen unterschieden, denen auf der Verhaltens- und Leistungsebene bereichsspezifische Talentformen entsprechen.[6] Zusätzlich werden in diesem Modell sogenannte Katalysatoren postuliert, vermittelnde Faktoren also, die sich auf Motive, Persönlichkeits- und Sozialisationsbedingungen beziehen.

Fragt man danach, in welchen Komponenten sich Hochbegabte besonders auszeichnen, liegt es nahe, sie durch ein besseres Wissen, eine höhere Kapazität des Arbeitsgedächtnisses, eine größere Flexibilität bei der Strategieauswahl und eine höhere Effizienz in der Ausführung zu charakterisieren.[7] Das ist jedoch in dieser Allgemeinheit nicht richtig. Die

Leistungsvorteile von Hochbegabten treten nicht generell, sondern nur bei bestimmten Aufgaben auf, sind also aufgabenabhängig.

Damit hängt auch zusammen, daß in der Regel nicht nur quantitative Unterschiede beobachtet werden, sondern vor allem qualitative Differenzen im Sinne eines Begabungsprofils. Zu bedenken ist hierbei, daß ein in der Schule beobachtetes Leistungsniveau unter vergleichsweise voraussetzungsarmen Bedingungen entsteht: Kreativität und soziale Kompetenz spielen in dieser beschützenden Umgebung nur eine untergeordnete Rolle, wohingegen im späteren Berufsleben soziale Kompetenz, Eigeninitiative und Kreativität eine wesentlich höhere Bedeutung erhalten. Damit wird erklärlich, warum Spitzenleistungen im späteren Alter unter Umständen eher mit außerschulischen als mit schulischen Höchstleistungen zusammenhängen.

3. Schattenseiten von Hochbegabung?

Nicht verschwiegen werden darf, daß extreme Formen von Hochbegabung auch ihre Schattenseiten besitzen. Dies fängt bereits in der Schule an, wo hochbegabte Kinder gelangweilt am normalen Unterricht teilnehmen und Gefahr laufen, trotz ihrer Hochbegabung aufgrund mangelnder Motivation schlechte Leistungen zu erbringen, wenn nicht entsprechend attraktive Lernangebote gemacht werden.

Tatsächlich sind jedoch talentierte Personen nicht so physisch schwach und sozial unfähig, wie dies als Stereotyp in vielen Köpfen verankert sein mag. Bereits 1947 hat *Lewis Terman* mehr als 1 000 Schulkinder mit einem IQ zwischen 135 und 200 auf Gesundheits-, auf kognitive und Persönlichkeitsmerkmale hin untersucht.[8] Diese Stichprobe, auch liebevoll „Termiten" genannt, wurde zugleich zum Präzedenzfall lebensspannenumfassender Forschung: Über insgesamt sechs Dekaden hinweg wurden diese Personen immer wieder untersucht, wodurch ein klareres Bild intellektuell herausragender Personen entstehen konnte.

Die Befunde von Terman widersprechen vollständig der Vorstellung, daß Genies fehlangepaßte Individuen seien. Die Abweichung von der Norm nach oben fand sich in fast allen Lebensbereichen: Die begabten Kinder waren insgesamt gesünder, zeigten weniger psychische Auffälligkeiten, waren in überdurchschnittlicher Weise beliebt, besaßen Sinn für Humor, Führungseigenschaften oder auch Großzügigkeit. Probleme in der Schule konnten durch entsprechende Maßnahmen aufgefangen werden, zu denen Anreicherung des Unterrichts (zusätzliche Schulaufgaben über das normale Pensum hinaus), Überspringen von Klassen sowie Unterricht in Spezialgruppen (Unterricht in schnellerem Tempo und mit weniger Struktur als herkömmlich) gehörten. Erfolge in Bildung und Berufskarriere waren in dieser Stichprobe überproportional häufig zu verzeichnen.

X. Resümee

In den vergangenen neun Kapiteln haben wir versucht, den Leserinnen und Lesern einen möglichst breiten Überblick über die Intelligenzforschung zu liefern. Wir hoffen, daß aus dem anfangs vielleicht eher diffusen Bild von Intelligenz nunmehr ein facettenreiches Mosaik entstanden ist, aus dem auch die gesellschaftspolitische Dimension dieses psychologischen Begriffs hervorgeht. Dessen Tragweite reicht von der Einschulung über die Auswahl am Arbeitsplatz und die berufliche Karriere bis hin zum kompetenten Altern – es gibt eigentlich kaum Lebensbereiche, die nicht von diesem Begriff berührt werden.

Es wurde herausgearbeitet, daß es weder eine einheitliche Definition des Begriffes *Intelligenz* gibt, noch eine einheitliche Forschungsperspektive. Will man einen kleinsten gemeinsamen Nenner finden, dann versteht man unter Intelligenz wohl die Fähigkeit, aus Erfahrung zu lernen und sich an die Erfordernisse der Umgebung anzupassen.

Die Frage, wie Intelligenz gemessen werden kann, wurde schon sehr früh aufgeworfen. Unterschiedliche Forscher haben diese Frage unterschiedlich beantwortet: Während Galton sich auf die Messung von sensorischen Funktionen und die Erfassung des physiologischen Unterscheidungsvermögens konzentrierte, beabsichtigte Binet, Intelligenz über die Messung höherer kognitiver Funktionen zu erfassen. Heute gibt es zahlreiche Testvarianten, die unterschiedliche Aspekte der Intelligenz ins Zentrum des Interesses rücken. Erfaßt werden von den meisten Tests sprachliches und rechnerisches Denken, Raumvorstellung und logisches Schlußfolgern.

Ein Zweig der Intelligenzforschung beschäftigt sich mit der Frage nach der grundlegenden *Struktur* der Intelligenz. Vielfach versuchte man die Intelligenzstruktur mit Hilfe eines statistischen Verfahrens, der Faktorenanalyse, zu analysieren. Uneinigkeit herrscht unter den Forschern hinsichtlich der Anzahl der postulierten Faktoren, die der Intelligenz zugrunde liegen: Spearman postulierte einen generellen Faktor *g*, Thurstone sieben Primärfaktoren und Guilford gar 150 Faktoren der Intelligenz. Das Modell der sechs Intelligenzen von Gardner erscheint uns persönlich in dieser Hinsicht am ausgewogensten.

Immer wieder wurde kritisiert, daß Intelligenztests Leistungen erfaßten, die wenig realitätsnah seien. Daraus entstand die Forschungsrichtung des Komplexen Problemlösens, die mehr Realitätsnähe mit ihren computersimulierten Untersuchungsparadigmen propagierte. Allerdings ist auch dort noch nicht geklärt, wie denn nun ein intelligenter Umgang mit komplexen Umwelten zustande kommt.

Neben der Konzeption von Instrumenten zur Ermittlung der Intelligenzhöhe oder Problemlösefähigkeit haben wir den entwicklungspsychologischen Ansatz dargestellt, der sich der Entwicklung kognitiver Fähigkeiten widmet. Exemplarisch wurden hier die Untersuchungen des Schweizer Psychologen Jean Piaget dargestellt. Anders als der psychometrische Ansatz trugen die Untersuchungen Piagets zur Entdeckung von Gesetzmäßigkeiten im Verlauf der geistigen Entwicklung bei und waren weniger darauf ausgerichtet, Leistungsunterschiede ausfindig zu machen.

Weitere Aspekte, die hier beleuchtet wurden, dienten der Beantwortung der Frage, inwiefern Testintelligenz mit verschiedenen relevanten Aspekten des menschlichen Lebens zusammenhängt. Während sich noch gewisse Beziehungen zwischen Schulerfolg und Höhe der Testintelligenz aufzeigen lassen (was natürlich mit der Validitätsbestimmung eines Tests zusammenhängt!), scheint Testintelligenz mit beruflichem Erfolg, mit der Fähigkeit, komplexe Probleme zu lösen, mit Kreativität und mit Expertise kaum oder gar nicht zusammenzuhängen. Doch selbst ein Auffinden von korrelativen Beziehungen zwischen Testintelligenz und einem anderen Merkmal würde noch lange nichts über einen Ursache-Wirkungs-Mechanismus aussagen. An experimentellen Untersuchungen über die zugrundeliegenden kognitiven Prozesse führt daher kein Weg vorbei.

Ein grundsätzliches Problem bei der Entwicklung von Intelligenztests besteht in der kulturellen Gebundenheit des Intelligenzbegriffs. Was jemand unter Intelligenz versteht und demzufolge für relevant erachtet, wird zumindest teilweise durch den kulturellen und sozialen Hintergrund determiniert. Dasselbe Verhalten kann aus Sicht der einen Kultur als intelligent, aus Sicht der anderen als dumm erscheinen. Die Übertragung unserer Standards und Sichtweisen auf andere Kulturen, hat im Laufe der Geschichte immer wieder zu sozialen und menschlichen Ungerechtigkeiten geführt. Neuere Forschungsansätze versuchen explizit, kulturelle und soziale Determinanten der Intelligenz zu integrieren.

Diese Ansätze gehen davon aus, daß kulturelle und kontextuelle Faktoren zwar das beeinflussen, was man unter Intelligenz versteht, die kognitiven Prozesse, die dem Verhalten zugrunde liegen, jedoch immer dieselben sind: In jeder Kultur müssen Personen lernen, zu schlußfolgern, Fähigkeiten zu erwerben oder Probleme zu lösen. Dargestellt wurde hier Gardners Theorie der multiplen Intelligenzen und Sternbergs Intelligenztriade.

Ein zweiter, damit in Zusammenhang stehender Aspekt lieferte ebenfalls immer wieder Stoff für politische Diskussionen: Die *Anlage-Umwelt-Debatte*. Sie setzt sich damit auseinander, ob Intelligenz im wesentlichen angeboren oder erlernt ist. Uneinigkeit besteht hinsichtlich der Frage, wie hoch der angeborene und wie hoch der genetische Anteil der Intelligenz ausfällt. Man geht heute davon aus, daß intellektuelle Fertigkeiten teilweise genetisch determiniert sind, daß allerdings die meisten kognitiven Fähigkeiten auch trainiert werden können. Genetische Faktoren setzen möglicherweise die Obergrenze, wie intelligent eine Person werden kann, doch Sternberg (1996)[1] zufolge gibt es keinen Anlaß anzunehmen, diese Obergrenze sei erreicht. Die kognitive Psychologie kann somit auch im Rahmen von Trainingsansätzen dazu beitragen, die Basis menschlicher Intelligenz zu verstehen und zu fördern.

Da der Begriff der Intelligenz nach wie vor brisante Diskussionen und Debatten auslöst, scheint es uns um so wichtiger, derartige Auseinandersetzungen möglichst auf sachlicher Ebene zu führen. Wenn wir mit der vorliegenden Darstellung dazu beitragen können, daß das Niveau solcher Diskurse mit Sachargumenten angereichert wird, haben wir unser Ziel erreicht.

XI. Anhang

In diesem eher technisch orientierten Kapitel erläutern wir den zum Verständnis des Textes wichtigen Begriff der Korrelation zwischen zwei Größen. Außerdem wird das Konzept der Faktorenanalyse erklärt.

1. Was ist eine Korrelation, und was sagt sie aus?

Eine Korrelation sagt etwas über den Zusammenhang zweier Meßwertreihen aus. Ein Zusammenhang zwischen zwei Meßwertreihen zeigt sich z.B. darin, daß Personen in beiden Messungen in gleicher Richtung vom Durchschnitt der Stichprobe abweichen. Wenn die meisten Personen, die überdurchschnittlich schwer sind, auch überdurchschnittlich groß sind, dann liegt eine positive Korrelation zwischen Gewicht und Körpergröße vor. Würde ein überdurchschnittliches Gewicht konsistent mit einer unterdurchschnittlichen Körpergröße einhergehen, dann läge eine negative Korrelation vor. Keine Korrelation läge vor, wenn jedes beliebige Gewicht mit jeder beliebigen Körpergröße einhergehen würde. Die Graphiken der Abb. 11 verdeutlichen verschiedene Korrelationsmuster.

Die Enge des Zusammenhangs läßt sich quantitativ über den Korrelationskoeffizienten r_{xy} ausdrücken. Korrelationskoeffizienten variieren zwischen -1 und $+1$, wobei -1 eine perfekte negative Korrelation (vgl. Fig. B in Abb. 11) und $+1$ eine perfekte positive Korrelation darstellt (vgl. Fig. A in Abb. 11). Ein Korrelationskoeffizient von 0 besagt, daß keine Korrelation vorliegt (vgl. Fig. D in Abb. 11). Perfekte Korrelationen sind sehr selten. Meist liegen die Korrelationen zwischen -1 und $+1$ (vgl. Fig. C in Abb. 11). Je nachdem, welche Meßqualität die beobachteten Meßwerte haben, müssen unterschiedliche Verfahren zur Berechnung der Korrelation herangezogen werden.

Was sagt eine Korrelation aus? Liegt zwischen zwei Meßwertreihen eine Korrelation vor, dann kann hieraus noch kein

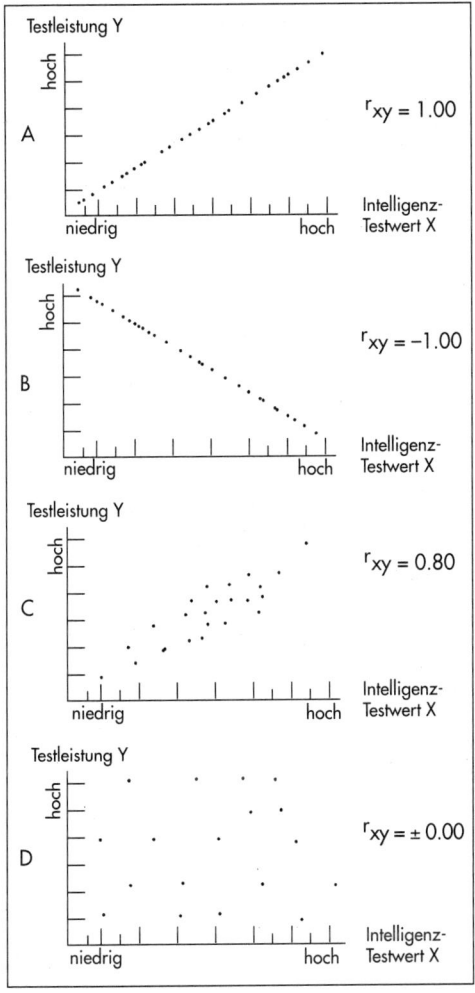

Abb. 11: Veranschaulichung einer perfekten positiven (A),
einer perfekten negativen (B), einer positiven Korrelation von r_{xy}=0.80 (C)
und einer Nullkorrelation (D) zwischen Intelligenztestwert X
und einer anderen Testleistung Y.

Schluß über Ursache und Wirkung abgeleitet werden. Genaugenommen kann man daraus noch nicht einmal schließen, daß eine Beziehung zwischen den beiden Meßwertreihen besteht, nur weil eine Korrelation vorliegt. Das läßt sich an folgendem Beispiel klarmachen.[1] In einer Untersuchung von Persönlichkeitsmerkmalen könnte man erfolgreiche Künstler mit einer entsprechenden nicht-erfolgreichen Gruppe vergleichen. Unter solchen Bedingungen würde dann angenommen, daß die festgestellten Persönlichkeitsunterschiede die Grundbedingung für den Erfolg darstellen. Angenommen, erfolgreiche Künstler seien selbstsicherer als nicht erfolgreiche, könnte man dann daraus schließen, daß die Selbstsicherheit Ursache für den Erfolg ist? Nein. Man hätte lediglich gezeigt, daß Selbstsicherheit und Erfolg miteinander korrelieren. Es sind nämlich drei unterschiedliche Ursache-Wirkungs-Zusammenhänge denkbar: (1) Selbstsicherheit ist die Ursache von Erfolg. Durch eine größere Selbstsicherheit wird man von der Meinung anderer unabhängiger und neue Ideen werden eher umgesetzt. (2) Selbstsicherheit ist die Folge des Erfolgs. Der eigene Erfolg kann zur Erhöhung der Selbstsicherheit führen. (3) Selbstsicherheit und Erfolg hängen überhaupt nicht direkt zusammen. Man könnte beispielsweise feststellen, daß die erfolgreichen Menschen normalerweise finanziell besser gestellt sind als die nicht erfolgreichen. In diesem Fall könnten die besseren finanziellen Bedingungen die höhere Selbstsicherheit und den höheren Erfolg verursachen. Selbstsicherheit und Erfolg würden dann miteinander korrelieren, ohne daß zwischen den beiden ein direkter Zusammenhang besteht. Beide hätten lediglich eine gemeinsame Ursache.

2. Zum Konzept der Faktorenanalyse

Die Faktorenanalyse stellt den Versuch dar, die hinter einer Testbatterie mit verschiedenen Skalen A, B, C usw. stehenden unabhängigen Dimensionen (= Faktoren) mathematisch zu ermitteln. Dazu untersucht man die Korrelation dieser Skalen. Würden auf den verschiedenen Skalen perfekt miteinander korrelierende Werte erzielt, müßte man annehmen, daß alle Skalen ein und denselben Faktor erfassen. Würden die verschiedenen Skalen eine Korrelation von Null aufweisen, liegt die Vermutung nahe, daß jede Skala etwas von den anderen Skalen Unabhängiges mißt und somit einen eigenständigen Faktor repräsentiert, andernfalls käme ja eine von Null verschiedene Korrelation zum Vorschein.

In einem ersten Schritt wird versucht, möglichst viel der Datenvarianz in der Korrelationsmatrix durch einen einzigen Faktor zu erklären. Die danach noch verbleibende Restvarianz soll dann durch einen vom ersten Faktor *unabhängigen* zweiten Faktor aufgeklärt werden. Verbleiben immer noch bedeutsame Varianzanteile, wird ein dritter, zu den ersten beiden Faktoren unabhängiger Faktor gebildet usw. Natürlich soll die Anzahl ermittelter Faktoren erheblich unter der Anzahl an Testskalen liegen, aufgrund derer die Korrelationsmatrix erstellt wurde; deswegen nennt man die Faktorenanalyse auch ein daten*reduzierendes* Verfahren.

Eine Faktorenanalyse ermittelt im Rahmen linearer Gleichungen nicht nur die latenten Faktoren, die hinter einem Satz von Skalen stecken, sondern bestimmt auch den Beitrag jeder einzelnen Skala zu diesen Faktoren (die sogenannte Faktorladung). Aus den Faktorladungen ergibt sich die inhaltliche „Bedeutung" des jeweiligen Faktors: Hoch ladende Skalen sind solche, die einen starken Beitrag zu dem Faktor liefern und deswegen definitionsrelevant sind.

Die Durchführung einer Faktorenanalyse ist wegen der Matrizenoperationen ziemlich aufwendig: Hat man etwa 200 Skalen, müssen zunächst rund 20 000 Korrelationskoeffizienten bestimmt werden, die dann anschließend komplizierten Rechenoperationen unterzogen werden – ohne Hilfe elektronischer Datenverarbeitung ist dies nur mit hohem Aufwand zu schaffen.

So elegant dieses Verfahren ist, so sehr kommen subjektive Entscheidungen ins Spiel, etwa bei der Bestimmung der Anzahl latenter Dimensionen oder bei der Entscheidung darüber, ob die latenten Dimensionen korreliert sein dürfen oder jeweils voneinander unabhängig sein müssen. Außerdem läßt sich (zumindest bei dem herkömmlichen Verfahren) keine Falsifikation von Hypothesen über die Faktorenstruktur oder Faktorenanzahl vornehmen – das Verfahren liefert immer Ergebnisse, selbst wenn Zufallszahlen eingespeist werden. Neuere Verfahrensentwicklungen (lineare Strukturgleichungsmodelle, LISREL) versuchen diese Schwächen zu überwinden.[2]

Anmerkungen

I. Intelligenz: Was ist das?

1 Sternberg, R.S., Conway, B.E., Bernstein, M. & Ketron, J.C. (1981). Peoples conceptualisations of intelligence. *Journal of Personality and Social Psychology,* 41, 37–55.

2 Kail, R. & Pellegrino, J.W. (1988). *Menschliche Intelligenz.* Heidelberg: Spektrum (Original erschienen 1985).

3 Boring, E.G. (1923). Intelligence as the tests test it. *New Republic, 6,* 35–37.

4 Sternberg, R.J. & Detterman, D.K. (Eds.) (1986). *What is intelligence?* Contemporary viewpoints on its nature and definition. Norwood, NJ: Ablex Publishing.

5 Anastasi, A. (1986). Intelligence as a style of behavior. In: R.J. Sternberg & D.K. Detterman (Eds.), *What is intelligence?* (pp. 19–21). Norwood, NJ: Ablex Publishing.

6 Eysenck, H.J. (1986). Intelligence: The new look. *Psychologische Beiträge, 28,* 332–365.

7 Stern, W. (1911). *Die differentielle Psychologie in ihren methodischen Grundlagen.* (Hrsg. von Kurt Pawlik. – Nachdruck der 2. Auflage Leipzig, Barth 1911.) Göttingen: Huber, 1994.

8 Zur Entwicklungsgeschichte der Intelligenz vgl. Klix, F. (1985). *Erwachendes Denken. Eine Entwicklungsgeschichte der menschlichen Intelligenz.* Berlin: Deutscher Verlag der Wissenschaften. – Hassenstein, B. (1988). *Klugheit. Bausteine zu einer Naturgeschichte der Intelligenz.* Stuttgart: Deutsche Verlags-Anstalt.

II. Aus der Geschichte der Intelligenzforschung

1 Sieber, B. (1982). Der Mensch auf dem „Prüfstand": Testpsychologie. In: R. Stalmann (Hrsg.), *Kindlers Handbuch für Psychologie* (S. 275–305). München: Kindler.

2 Gerling, R. (1930). *Praktische Menschenkenntnis.* Berlin: Deutsches Verlagshaus Borg & Co.

3 Gould, J. (1983). *Der falsch vermessene Mensch.* Basel: Birkhäuser (Original erschienen 1981).

4 Das Zitat von Galton stammt aus der deutschen Übersetzung von 1910, S. XII, und ist zitiert nach: Grubitzsch, S. & Rexilius, G. (1985). *Testtheorie – Testpraxis.* Reinbek bei Hamburg: Rowohlt.

5 Diese Anmerkung zu Darwins Standpunkt findet sich bei Klein, K.-M. (1995). *Experimentelle Untersuchungen zu zwei Invarianzhypothesen des Kurzzeitgedächtnisses.* Bonn: Pace.

6 Binet, 1912, zitiert nach Gould, J. (1983). *Der falsch vermessene Mensch*. Basel: Birkhäuser (Original erschienen 1981).

7 Vgl. dazu auch: Schmid, R. (1977). *Intelligenz- und Leistungsmessung: Geschichte und Funktion psychologischer Tests*. Frankfurt a.M.: Campus.

8 Thomae, H. & Feger, H. (1976). *Einführung in die Psychologie (Band 7): Hauptströmungen der neueren Psychologie*. Wiesbaden: Akademische Verlagsgesellschaft.

9 Siehe dazu auch: Carroll, J.B. (1995). Reflections on Stephen Jay Gould's The mismeasure of man (1981): A retrospective review. *Intelligence, 21*, 121–134.

III. Wie mißt man Intelligenz, und was wird gemessen?

1 Einen ausführlicheren Abriß der historischen Entwicklung findet man in folgenden Quellen: Groffmann, K.-J. (1983). Die Entwicklung der Intelligenzmessung. In: K.-J. Groffmann & L. Michel (Hrsg.), *Intelligenz- und Leistungsdiagnostik* (= Enzyklopädie der Psychologie, Themenbereich B, Serie II, Band 2, S. 1–103). Göttingen: Hogrefe. – Tuddenham, R.D. (1963). The nature and measurement of intelligence. In: L. Postman (Ed.), *Psychology in the making. Histories of selected research problems* (pp. 469–525). New York: Alfred A. Knopf. – Wewetzer, K.-H. (1973). *Intelligenz und Intelligenzmessung*. Darmstadt: Wissenschaftliche Buchgesellschaft.

2 Dieser Satz, der erstmals wohl von Boring (1923) formuliert wurde, durchzieht sämtliche Lehrbücher zur Intelligenz – auch wir können daher nicht an ihm vorbei. [Boring, E.G. (1923). Intelligence as the tests test it. *The New Republic, 34*, 35–36.]

3 „Bellevue" ist der Name der Psychiatrischen Klinik in New York, an der Wechsler als Leitender Psychologe arbeitete.

4 Conrad, W. (1983). Intelligenzdiagnostik. In: K.-J. Groffmann & L. Michel (Hrsg.), *Intelligenz- und Leistungsdiagnostik* (= Enzyklopädie der Psychologie, Themenbereich B, Serie II, Band 2, S. 104–201). Göttingen: Hogrefe.

5 Schorr, A. (1995). Stand und Perspektiven diagnostischer Verfahren in der Praxis. Ergebnisse einer repräsentativen Befragung westdeutscher Psychologen. *Diagnostica, 41*, 3–20.

6 Weitere Informationen zur Intelligenzdiagnostik finden sich bei Guthke, J. (1996). *Intelligenz im Test. Wege der psychologischen Intelligenzdiagnostik*. Göttingen: Vandenhoeck & Ruprecht.

7 Die Konzeption des BIS ist beschrieben in folgendem Artikel: Jäger, A.O. (1982). Mehrmodale Klassifikation von Intelligenzleistungen: Experimentell kontrollierte Weiterentwicklung eines deskriptiven Intelligenzstrukturmodells. *Diagnostica, 28*, 195–225. Der komplette Test ist erst sehr viel später publiziert worden: Jäger, A.O., Süß, H.-M.

    & Beauducel, A. (1995). *Berliner Intelligenzstruktur Test. BIS-Test, Form 4.* Göttingen: Hogrefe.

8 Fay, E. (1996). *Tests unter der Lupe. Aktuelle Leistungstests – kritisch betrachtet. Band 1.* Heidelberg: Asanger.

9 Einen Überblick über das Konzept der Lerntests findet man bei: Guthke, J. & Wiedl, K.H. (1996). *Dynamisches Testen. Zur Psychodiagnostik der intraindividuellen Variabilität.* Göttingen: Hogrefe.

10 Informationen zum Assessment-Center-Verfahren bei: Hesse, J. & Schrader, H.-C. (1994). *Assessment Center. Das härteste Personal-auswahlverfahren. Worum es geht. Worauf es ankommt. Was Sie wissen müssen.* Frankfurt a. M.: Eichborn.

11 Zur klassischen Testtheorie siehe das Standardwerk von Lienert, G.A. (1969). *Testaufbau und Testanalyse.* Dritte, durch einen Anhang über Faktorenanalyse ergänzte Auflage. Weinheim: Beltz. – Neuere Entwicklungen sind beschrieben bei Rost, J. & Strauß, B. (1992). Recent developments in psychometrics and test theory. *German Journal of Psychology, 16,* 91–119.

12 Forschung zum Umgang mit komplexen Szenarien beschreibt Funke, J. (2003). *Problemlösendes Denken.* Stuttgart: Kohlhammer.

13 Dörner, D., Kreuzig, H.W., Reither, F. & Stäudel, T. (1983). *Lohhausen. Vom Umgang mit Unbestimmtheit und Komplexität.* Bern: Huber.

14 Putz-Osterloh, W. & Lüer, G. (1981). Über die Vorhersagbarkeit komplexer Problemlöseleistungen durch Ergebnisse in einem Intelligenztest. *Zeitschrift für Experimentelle und Angewandte Psychologie, 28,* 309–334.

15 Funke, J. (1992). *Wissen über dynamische Systeme: Erwerb, Repräsentation und Anwendung.* Heidelberg: Springer.

16 Funke, U. (1993). Computergestützte Eignungsdiagnostik mit komplexen dynamischen Szenarios. *Zeitschrift für Arbeits- und Organisationspsychologie, 37,* 109–118.

IV. Klassische Intelligenzmodelle

1 Spearman, C. (1904). General intelligence, objectively determined and measured. *American Journal of Psychology, 15,* 201–293.

2 Zitiert nach Thomae, H. & Feger, H. (1976). *Einführung in die Psychologie (Band 7): Hauptströmungen der neueren Psychologie.* Wiesbaden: Akademische Verlagsgesellschaft.

3 Zur Proportionalitätsannahme siehe: Guilford, J. (1954). *Psychometric methods.* New York: McGraw-Hill, S. 473f.

4 Horn, J.L. (1968). Organization of abilities and the development of intelligence. *Psychological Review, 75,* 242–259.

V. Moderne Intelligenzkonzeptionen

1 Zur Kritik an Eysenck siehe: Hirsch, A. (1989). *Rechte Psychologie: Hans-Jürgen Eysenck und seine Wissenschaft.* Heidelberg: Asanger.
2 Eysenck, H.J. (1986). Intelligence: The new look. *Psychologische Beiträge, 28,* 332–365.
3 Sternberg, R.J. (1996). *Cognitive psychology.* Philadelphia: Harcourt Brace. Das genannte Zitat stammt von S. 503.
4 Gardner, H. (1985). *Abschied vom IQ: Die Rahmentheorie der vielfachen Intelligenzen.* Stuttgart: Klett Cotta (Original erschienen 1983).
5 Goleman, D. (1996). *Emotionale Intelligenz.* München: Carl Hanser (Original erschienen 1995).
6 Salovey, P. & Mayer, J.D. (1990). Emotional intelligence. *Imagination, Cognition and Personality, 9,* 185–211.
7 Csikszentmihalyi, M. & Csikszentmihalyi, I.S. (1991). *Die außergewöhnliche Erfahrung im Alltag. Die Psychologie des flow-Erlebnisses.* Stuttgart: Klett-Cotta.

VI. Der ewige Streit: Die Anlage-Umwelt-Debatte

1 Auch ein vererbungstheoretischer Standpunkt kann durchaus entwicklungsfördernden Maßnahmen gegenüber offen sein. So ist z. B. die Phenylketonurie (PKU) eine angeborene Stoffwechselstörung, deren schädliche Auswirkungen auf die Gehirnentwicklung durch eine frühzeitige Diagnose und eine auf die Krankheit abgestimmte Diät in den ersten Lebensjahren fast vollständig vermieden werden können. Diese Erkenntnis wird sich auch ein Erblichkeitstheoretiker zunutze machen.
2 Die Anlage-Umwelt-Debatte und ihre Konsequenzen werden erörtert bei: Quitzow, W. (1990). *Intelligenz – Erbe oder Umwelt?* Wissenschaftliche und politische Kontroversen seit der Jahrhundertwende. Stuttgart: Metzler.
3 Mackintosh, N.J. (1995). *Cyril Burt: Fraud or framed?* Oxford: University Press.
4 Kamin, L.J. (1979). *Der Intelligenzquotient in Wissenschaft und Politik.* Darmstadt: Steinkopff.
5 Bouchard, T.J., Lykken, D.T., McGue, M., Segal, N.L. & Tellegen, A. (1990). Sources of human psychological differences: The Minnesota study of twins reared apart. *Science, 250,* 223–250.
6 Henderson, N.D. (1982). Human behavior genetics. *Annual Review of Psychology, 33,* 403–440.
7 Aus: Kail, R. & Pellegrino, J.W. (1988). *Menschliche Intelligenz.* Heidelberg: Spektrum (Original erschienen 1985).

VII. Entwicklung der Intelligenz

1 Piaget zit. nach: Buggle, F. (1995). *Die Entwicklungspsychologie Jean Piagets* (2., überarbeitete Auflage). Stuttgart: Kohlhammer.

2 Piaget, J. & Inhelder, B. (1977). *Die Psychologie des Kindes*. Frankfurt a.M.: Fischer Taschenbuch (Original erschienen 1966).

3 Bryant, P.E. & Trabasso, T. (1971). Transitive inferences and memory in young children. *Nature, 232*, 457–459. Zit. nach Trautner, H.M. (1995). *Allgemeine Entwicklungspsychologie*. Stuttgart: Kohlhammer.

4 Montada, L. (1995). Die geistige Entwicklung aus der Sicht Jean Piagets. In: R. Oerter & L. Montada (Hrsg.), *Lehrbuch der Entwicklungspsychologie*. Weinheim: Beltz, PVU. – Trautner, H.M. (1995). *Allgemeine Entwicklungspsychologie*. Stuttgart: Kohlhammer.

5 Eine kompakte Darstellung der Methoden der Entwicklungspsychologie findet sich in folgendem Buchkapitel: Erdfelder, E., Rietz, C. & Rudinger, G. (1996). Methoden der Entwicklungspsychologie. In: E. Erdfelder, R. Mausfeld, T. Meiser, & G. Rudinger (Hrsg.), *Handbuch Quantitative Methoden*. Weinheim: Psychologie Verlags Union.

6 Baltes, P.B. & Smith, J. (1990). Weisheit und Weisheitsentwicklung: Prolegomena zu einer psychologischen Weisheitstheorie. *Zeitschrift für Entwicklungspsychologie und Pädagogische Psychologie, 22*, 95–135.

7 Siehe Anmerkung 6.

8 Zur Psychologie im mittleren Alter informiert: Kruse, A. & Schmitz-Scherzer, R. (Eds.). (1995). *Psychologie der Lebensalter*. Darmstadt: Steinkopff.

VIII. Beziehungen der Intelligenz zu anderen Bereichen

1 Für weitere Informationen zu Korrelaten siehe: Schweizer, K. (1995). *Kognitive Korrelate der Intelligenz*. Göttingen: Hogrefe. – Ausführliche Informationen über differentielle Effekte findet man bei Amelang, M. & Bartussek, D. (1990). *Differentielle Psychologie und Persönlichkeitsforschung*. Dritte, überarbeitete und erweiterte Auflage. Stuttgart: Kohlhammer. Der Erstautor des eben genannten Lehrbuchs hat auch einen kompakten Überblicksartikel zum Thema Intelligenz verfaßt: Amelang, M. (1995). Intelligenz. In: M. Amelang (Hrsg.), *Verhaltens- und Leistungsunterschiede* (S. 245–328). Göttingen: Hogrefe.

2 Süllwold, F. (1977). Intelligenzdiagnostik und Intelligenztheorie. In: *Die Psychologie des 20. Jahrhunderts, Band V: Binet und die Folgen*. Zürich: Kindler.

3 Zur Kritik am Konzept der intrinsischen Motivation vgl. Holzkamp, K. (1993). *Lernen. Subjektwissenschaftliche Grundlegung*. Frankfurt a.M.: Campus.

4 Brody, E.B. & Brody, N. (1976). *Intelligence: Nature, determinants, and consequences*. New York: Academic Press.

5 Zimbardo, P.G. (1992). *Psychologie*. Heidelberg: Springer.

6 Schmidt-Atzert, L. & Deter, B. (1993). Die Vorhersage des Ausbildungserfolgs bei verschiedenen Berufsgruppen durch Leistungstests. *Zeitschrift für Arbeits- und Organisationspsychologie, 37*, 191–196.

7 Gardner, H., Kornhaber, M.L. & Wake, W.K. (1996). *Intelligence: Multiple perspectives.* Cambridge: Harcourt Brace.

8 Sternberg, R.J. (1985). *Beyond IQ: A triarchic theory of human intelligence.* Cambridge: University Press.

9 Hofstätter, P.R. (1972). *Psychologie. Das Fischer Lexikon.* Frankfurt a. M.: Fischer.

10 Weisberg, R. (1989). *Kreativität und Begabung.* Heidelberg: Spektrum (Original erschienen 1986).

11 Beispiel in Anlehnung an Weisberg (1989), s.o.

12 Sarason, S.B. & Doris, J. (1979). *Educational handicap, public policy, and social history.* New York: Free Press.

13 Ceci, S. (1991). How much does schooling influence general intelligence and its cognitive components? A reassessment of the evidence. *Developmental Psychology, 27*, 703–722.

14 Loehlin, J.C., Lindzey, G. & Spuhler, J.N. (1975). *Race differences in intelligence.* San Francisco: Freeman.

15 Broman, S.H., Nichols, P.I., Kennedy, W.A. (1973). *Preschool IQ: Prenatal and early developmental correlates.* Hillsdale, NJ: Erlbaum.

16 Scarr, S. & Weinberg, R.A. (1976). IQ test performance of black children adopted by white families. *American Psychologist, 31*, 726–739.

17 Cole, M. (1974). *Culture and thought: A psychological introduction.* New York: Wiley.

18 Möbius (1900), zitiert nach Kornfeld, S. (1900). Ueber den „physiologischen Schwachsinn" des Weibes. *Klinisch-therapeutische Wochenschrift, 46*, 1469–1475.

19 Fernald, D.L. (1997). *Psychology.* Upper Saddle River, NJ: Prentice-Hall.

20 Kail, R. & Pellegrino, J.W. (1988). *Menschliche Intelligenz.* Heidelberg: Spektrum (Original erschienen 1985).

21 Cooper, L.A. & Shephard, R.N. (1973). Chronometric studies of the rotation of mental images. In W.G. Chase (Ed.), *Visual information processing.* New York: Academic Press.

22 Treffert, D.A. (1989). *Extraordinary people: Understanding „idiot savants".* New York: Harper & Row.

23 Cheatham, S.K., Rucker, H.N., Polloway, E.A., Smith, J.D. & Lewis, G.W. (1995). Savant Syndrome: Case Studies, Hypo for special education. *Education and Training in Mental Retardation and Developmental Disabilities, 30*, 243–253.

24 Beckmann, J.F. & Guthke, J. (1995). Complex problem solving, intelligence, and learning ability. In: P.A. Frensch & J. Funke (Eds.), *Complex problem solving: The European perspective.* Hillsdale, NJ: Lawrence Erlbaum.

25 Einen recht guten Überblick liefert folgende Arbeit: Kluwe, R.H., Schilde, A., Fischer, C. & Oellerer, N. (1991). Problemlöseleistungen beim Umgang mit komplexen Systemen und Intelligenz. *Diagnostica*, *37*, 291–313. Mit wichtigen Fragen beschäftigen sich die folgenden Aufsätze: Hörmann, H.-J. & Thomas, M. (1989). Zum Zusammenhang zwischen Intelligenz und komplexem Problemlösen. *Sprache & Kognition*, *8*, 23–31. – Hussy, W. (1989). Intelligenz und komplexes Problemlösen. *Diagnostica*, *35*, 1–16. – Süß, H.-M., Oberauer, K. & Kersting, M. (1993). Intellektuelle Fähigkeiten und die Steuerung komplexer Systeme. *Sprache & Kognition*, *12*, 83–97.

IX. Förderung der Intelligenz

1 Im Jahre 1957 gelang es den Russen erstmals, einen Satelliten im All zu landen und damit vor den Amerikanern den Weltraum zu erobern.
2 Klauer, K.J. (Hrsg.) (1993). *Kognitives Training*. Göttingen: Hogrefe.
3 Klauer, K.J. (1989). *Denktraining für Kinder I*. Göttingen: Hogrefe. – Klauer, K.J. (1991). *Denktraining für Kinder II*. Göttingen: Hogrefe.
4 Kritische Äußerungen finden sich z.B. in folgendem Beitrag: Hasselhorn, M. & Hager, W. (1995). Neuere Programme zur Denkförderung bei Kindern: Wie effektiv sind sie im Vergleich zu herkömmlichen Wahrnehmungsübungen? *Psychologie, Erziehung, Unterricht*, *42*, 221–233.
5 Siehe z.B. Heller, K.A. (Hrsg.) (1992). *Hochbegabung im Kindes- und Jugendalter*. Göttingen: Hogrefe.
6 Gagné, F. (1985). Giftedness and talent: Reexamining a reexamination of the definitions. *Gifted Child Quartely*, *29*, 103–112.
7 Vgl. Waldmann, M. & Weinert, F.E. (1990). *Intelligenz und Denken. Perspektiven der Hochbegabungsforschung*. Göttingen: Hogrefe, S. 92ff.
8 Terman, L.M. (1954). Scientists and nonscientists in a group of 800 gifted men. *Psychological Monographs*, *68* (7).

X. Resümee

1 Sternberg, R.J. (1996). *Cognitive psychology*. Philadelphia: Harcourt Brace.

XI. Anhang

1 Das Beispiel ist an eines von Robert Weisberg (1989) angelehnt, der in seinem Buch *Kreativität und Begabung* dieses Problem erläutert.
2 Eine komprimierte Darstellung von Faktorenanalyse und linearen Strukturgleichungsmodellen findet man in folgendem Buchkapitel: Schönemann, P.H. & Borg, I. (1996). Von der Faktorenanalyse zu den Strukturgleichungsmodellen. In: E. Erdfelder, R. Mausfeld, T. Meiser, & G. Rudinger (Hrsg.), *Handbuch Quantitative Methoden*. Weinheim: Psychologie Verlags Union.

Register

Weitere Bände
aus der Reihe „C.H.Beck Wissen"

Jürgen Bredenkamp
Lernen, Erinnern, Vergessen
1998. 115 Seiten mit 9 Abbildungen und 3 Tabellen. Paperback
(Beck'sche Reihe Band 2100)

Jürgen Dittmann
Der Spracherwerb des Kindes
Verlauf und Störungen
2002. 127 Seiten mit 1 Abbildung. Paperback
(Beck'sche Reihe Band 2300)

Detlef Linke
Das Gehirn
3. Auflage. 2002. 101 Seiten mit 12 Abbildungen. Paperback
(Beck'sche Reihe Band 2121)

Alfred Meier-Koll
Chronobiologie
Zeitstrukturen des Lebens
1995. 121 Seiten mit 30 Abbildungen. Paperback
(Beck'sche Reihe Band 2010)

Helmut Remschmidt
Autismus
Erscheinungsformen, Ursachen, Hilfen
2., aktualisierte Auflage. 2002.
112 Seiten mit 2 Abbildungen. Paperback
(Beck'sche Reihe Band 2147)

Verlag C.H.Beck München